物価の
決まりかた
から

図解

仮想通貨
まで

90分でわかる経済のしくみ

首都大学東京大学院
社会科学研究科専攻教授
長瀬勝彦

Discover
ディスカヴァー

はじめに

本書の目的は、読者の皆さんに経済学の基本的な知識と考え方を身につけてもらうことにあります。

人間は経済的な動物であると言われますが、その割には、経済について直観的に抱いている理解や解釈が実は間違っていることが多々あります。経済を理解するには経済学の知識と経済学的な思考を学ぶ必要があります。でも経済学は難しくてとっつきにくいと感じている人が多いようですので、なるべく分かりやすく解説してあります。図解もつけてありますので、文章とあわせて多面的に理解していただけると思います。

本書は、拙著『図解1時間でわかる経済のしくみ』をもとに、加筆、修正を加えたものです。前著は2006年に初版を発行して以来、幸いなことに版を重ねてきました。今回のリニューアルに際しても仮想通貨など新しい項目を加えています。ただし本書の目的は目先の話題を追うことではありません。経済学の原理的な思考を身につけておけば新しい事象も比較的容易に理解できるのです。

もちろん、ここに書いてあることの大部分は、すでに多くの論者が述べていることです。筆者はその整理をしたにすぎません。また、経済学にはいろいろな理論があって、ひとつの問題について対立した見解があることは珍しくありませんが、それらをすべて説明するとかえって分かりにくくなるので、あえて単純化したことをおことわりしておきます。

だいぶ以前ですが、永六輔さんのラジオ番組に出演させていただいたことがあります。そのときに、「難しいことを易しく、易しいことを深く、深いことを面白く」という井上ひさしさんの言葉を教えていただきました。それ以来、本を書くときにはそれを心がけてきました。この本を手がかりに読者の皆さんに少しでも経済学の考え方に親しんでいただくことを願っています。

最後に、この本の企画を提案してくださって原稿にもコメントをいただいた編集の藤田浩芳さん、きれいな装丁にしてくださった渡邊民人さん、すてきな図解をつくってくださった新田由起子さんと玉造能之さんに、心から感謝します。

2018年2月　長瀬勝彦

1章

「モノの値段」から学ぶ経済の基本

2章

経済学の目で世の中を見てみよう

3章 政治と経済の関係はどうなっているのか？

1

「モノの値段」から学ぶ経済の基本

身近な「モノの値段」に注目すると、経済の基本が身につきます。キーワードは「需要と供給」です。

LESSON 01

モノの値段の決まり方

「需要」と「供給」が一致するところで価格が決まる。

「市場」で価格が決まる

たいていのモノは、価格（値段）が高くなれば買い手が減って売り手が増える。価格が低くなれば買い手が増えて売り手が減るようになっている。

では、どのようにして価格は決まっていくのだろうか。

経済学は、その価格で買いたいという人と売りたいという人の数が揃ったところで価格が決まると考える。

たとえば、一つの広場にトマトを買いに来た人と売りに来た人が、多数集まっているとする。経済学はこの広場を「市場《しじょう》」という。市場にはもうひとり、競《せ》り人と呼ばれる人がいる。競り人は、トマトの取引価格を提案するのが仕事だ。買いに来た人は、競り人が提案した価格で買ってもよければ手を挙げる。売りに来た人は、その価格で売ってもよければ手を挙げる。

競り人がまず「八〇円」と提案する。すると八〇円で売りたい人が九〇人、買いたい人が一三〇人手を挙げた。買いたい人の数が上回っている。次に競り人は「一二〇円」と提案する。すると一二〇円で売りたい人が一一〇人、買いたい人が八五人手を挙げた。今度は売りたい人の数の方が多い。

さらに競り人は「一〇〇円」と提案した。すると売りたい人も買いたい人も一〇〇人ずつで数がそろった。そこでトマトの価格は一〇〇円に決定する。

実際にはトマトの価格を決めるためにみんなが広場に集まったりはしない。けれども、こんな風に考えられますよ、ということだ。

自由競争のもとでは、市場において、売り手と買い手の数が等しくなるところに価格は決定する。また、それが最も合理的で無駄がない、というのが経済学の教えだ。

モノの値段が決まるしくみ

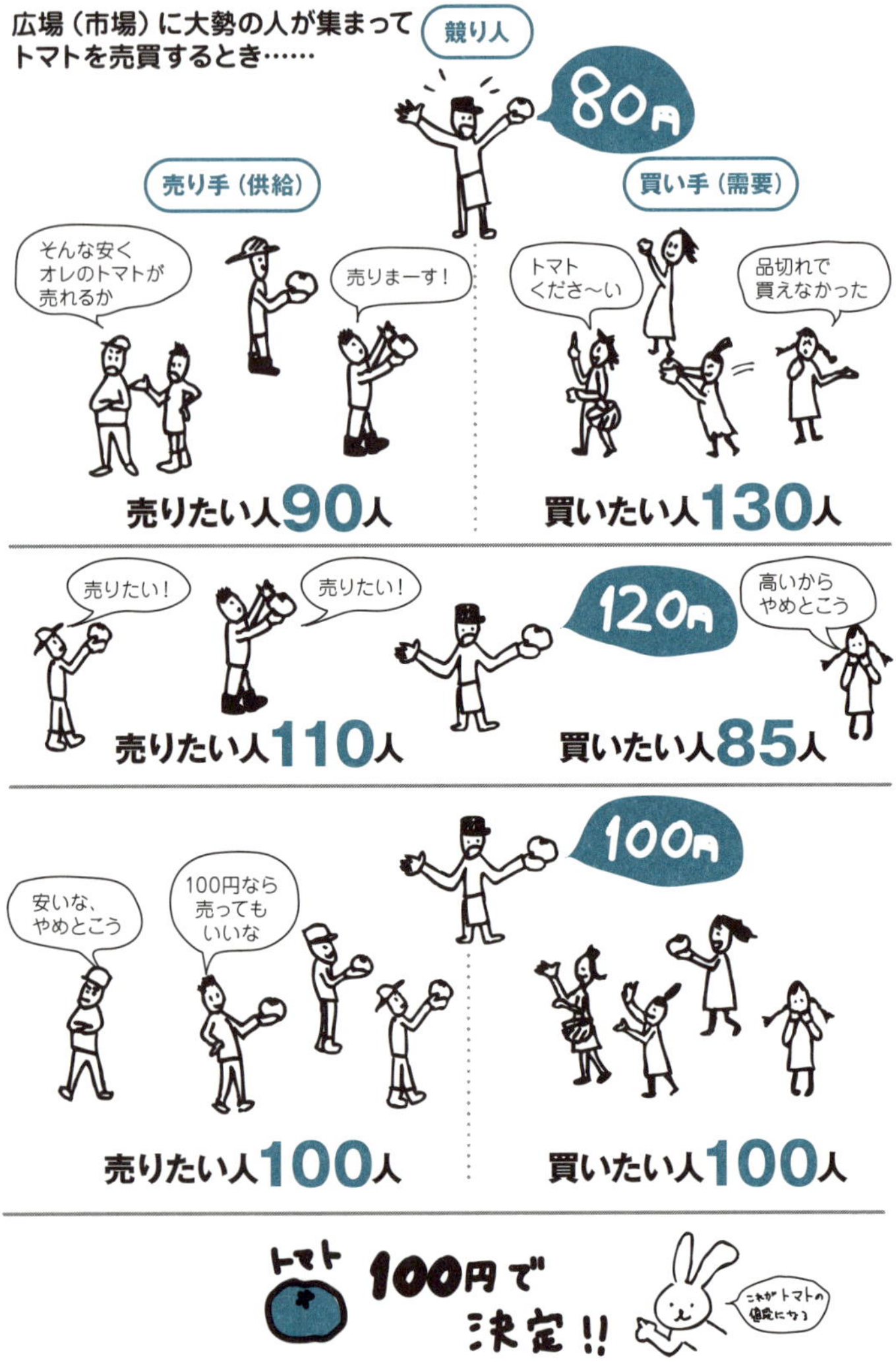

価格は需要と供給が一致するところに決まる

経済の話には、よく「需要」と「供給」という用語が出てくる。**需要はその価格で買いたいという数の合計、供給はその価格で売りたいという数の合計**と考えるといいだろう。さきほどの結論を言い換えるなら、価格は需要と供給が一致するところに決定するということになる。

もちろん、現実の世界では需要と供給が一致していないこともしばしばだ。先ほどの例はあくまで「モデル」であって、理想的な状況だったらこうなるはずだということを示している。モノの価格の決まり方の原則はこうだということをまずは覚えてほしい。

LESSON 02

「市場」は効率のいいシステム

需要と供給が一致したところで価格が決まると、買い手も売り手も余らない。

「均衡価格」は効率的

市場というのは、たいへん効率のいい取引システムとして完成されている。これは、先ほど述べた需要と供給が一致するところで売買が成立するため、売り手も買い手も余らないという状態が生まれるからだ。

市場を通すことによって、資源が効率的に配分される。

前項で述べたように、自由競争では、価格は需要と供給の一致したところに決まる。この価格を「均衡価格」または「市場価格」という。**均衡価格では、商品はその価格で買いたい人全員に行き渡るし、その価格で売りたい人全員が売り切ることができる。**

これより高くては買い手より売り手のほうが多いので、売り手が余ってしまう。逆に均衡価格より低いと、買い手が余ってしまう。**売り手にも買い手にも余りを出さない点で、均衡価格による取引は効率的なのだ。**

消費者余剰と生産者余剰

また、均衡価格が一〇〇円だとして、現実的には買い手の中には、たとえ一五〇円出してもその商品が買いたかったという人もいるだろう。そういう人が一〇〇円で買えた場合、その人は五〇円の得をしたのだと経済学は考える。この買い手が得したとされる分を「消費者余剰」という。

いっぽう、売り手の側にも、七〇円で売ってもよかったという人がいるだろう。それが一〇〇円で売れるのだから、こういう人にとっても一〇〇円という均衡価格は三〇円の得になる。買い手の得と同様に、売り手が得した分を「生産者余剰」という。

市場で取引しているすべての消費者の消費者余剰と市場で取引しているすべての生産者の生産者余剰を足し合わせると、その合計は均衡価格のときに最大となる。

市場での取引は効率がいい！

均衡価格では、
その価格で買いたい人全員に商品が行き渡る
買い手も売り手も余らない

均衡価格より高く買ってもいいと思っていた買い手にとっては「得」になる！

150円でも買ったのに得した！

この差の50円分を

消費者余剰 という

均衡価格より安く売ってもいいと思っていた売り手にとっては「得」になる！

70円でも売ったのに得した！

この差の30円分を

生産者余剰 という

つまり、市場の参加者全員の「得」の合計がいちばん多くなる。その意味で、市場取引は効率的なのだ。

ただし、その効率性は放っておけば勝手に実現するものではない。たとえば売り手が独占業者の場合は売り手の側で競争がないので、買い手が高い価格を押しつけられることがある。そうなると消費者の手に残るべき余剰が生産者の懐に入ってしまい、公正な分配が損なわれる。

そんなときは、自由で公正な競争を確保するために政府が規制する必要がある。かといって政府の介入を大幅に許すと、こんどは政府の役人や政治家がそれを隠れ蓑にして私腹を肥やすこともある。効率性の実現は一筋縄ではいかないのだ。そのあたりの具体的な話は以下でいくつかとり上げる。

LESSON 03

株の価格の決まり方も他のモノと同じ

株の価格も需要と供給が一致するところに決まる。

売り手と買い手が必要

公開されている株式会社の株は市場で売買できる。市場で売買されるという点では、自動車や消しゴムと変わらない。ただし、自動車は移動に役立つし消しゴムは鉛筆で書いた字を消すのに役立つのに対して、株券そのものは何の役にも立たない（今では電子化で上場企業は株券そのものがない）。

では人がなぜ株を買うかというと、それで儲けるためだ。株を持っていると定期的に配当が支払われる（儲かっていない企業は配当がないこともある）ので、それが目当てのひとつだ。でも株を買う人の多くは配当よりもその後の値上がりを期待している。ただし困ったことに、株価は上がるとは限らない。買った価格よりも随分下がってしまって困っている人は多い。

「なぜ株価は下がることもあるのですか。株を買った人は、値上がりするまで待てばいいではありませんか。株を持っている人みんながそうすれば、みんなで儲けられるはずですよね？」という疑問を持つ人がいる。たしかに誰だって買った価格より安く売りたくはない。それでも株価が下がることもあるのはなぜだろうか。

株式市場が成立するためには、つまり市場で株の売り買いがおこなわれるためには、売り手と買い手が必要だ。

買い手は「この価格で買っておけば将来値上がりして利ざやを稼ぐことができるだろう」と期待している。そして売り手は「この株はそろそろ値下がりするかもしれない」と不安に思っている。売り手と買い手とでは、その株の将来の値動きに関する予測が異なっているのだ。株に価格がついているということは、強気の人と弱気の人がいるということだ。

「この会社の株は値上がりする」と多くの人が予想していれば、株を売る人が少なくなり買おうという人が増えるので価格が上がる。逆に「この会社の株はもうだめだ」とみ

売り手と買い手がいるから株式市場が成立する

同じ株を見ても「値上がりする」と思う人は買い手になり、「値下がりする」と思う人は売り手になる

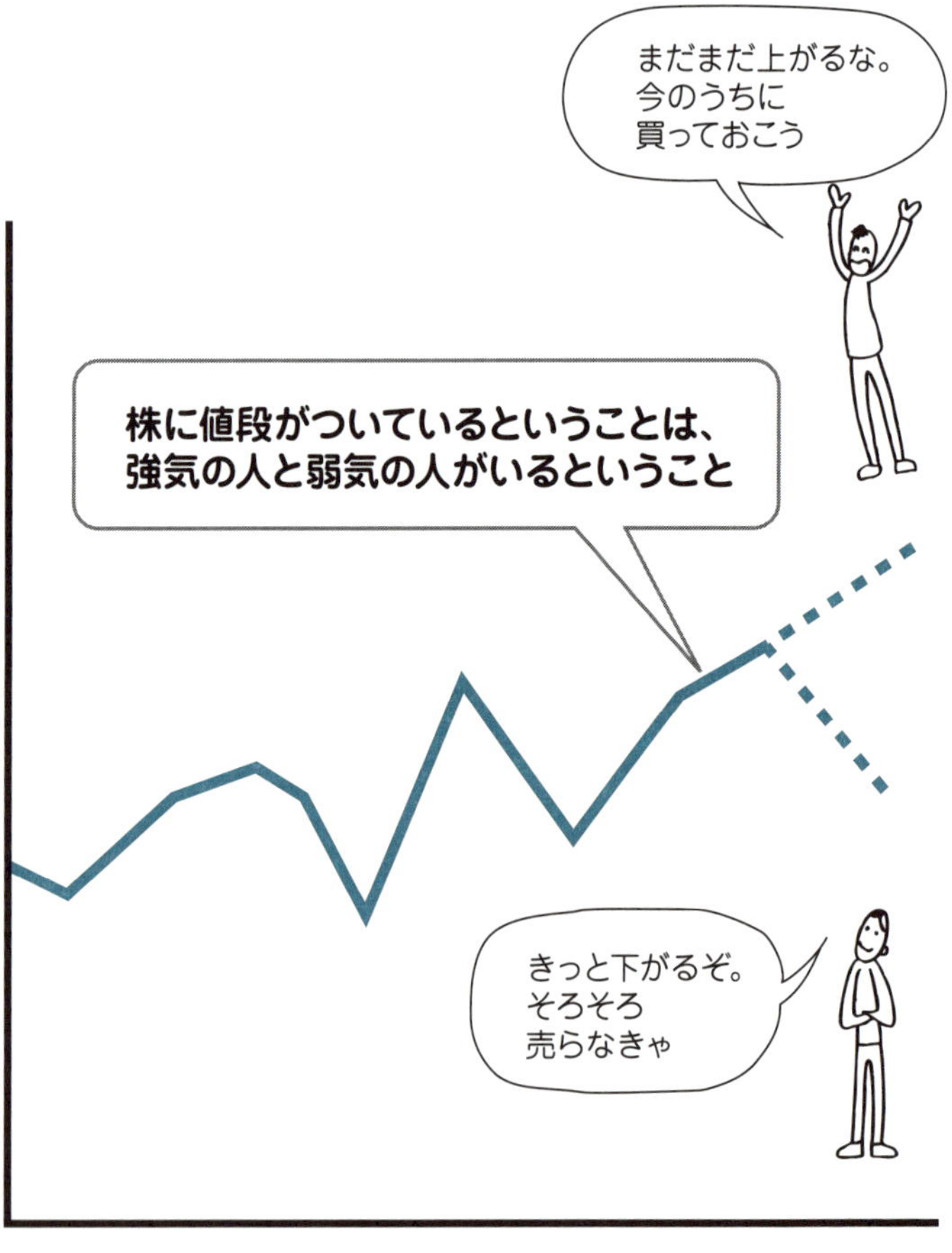

んなが考えると、売りたい人ばかり多くて買おうとする人がほぼいないので価格は大きく下がる。

値上がりを全員が待てるわけではない

それでは、「なぜ株価は下がることもあるのですか」という質問に戻ろう。

誰も株で損はしたくないので、値上がりを待てる人は、ひたすら待ってもかまわない。これを「塩漬け」という。

しかし、第一に、その株をもっと安いときに買った人は大勢いるから、その人たちが「そろそろ売り時だ」と売り出せば、あなたの思惑に関係なく株価は下がる。

第二に、値上がりするまで長くは待てない人がいる。借金して株を買った人は、期限が来たら借金を返すために売らざるをえないかもしれない。

また、他にもっと値上がりしそうな株が見つかれば、そちらを購入する資金を手当するために「損切り」といって損を覚悟で売る人は少なくない。

自分が買った価格以下では決して売らないと心に決めるのはその人の自由だが、買い手が現れない限り売ることはできないのだ。

LESSON 04

円安は得か損か

円やドルなどの通貨の交換比率もモノの価格と同じ、需要と供給で決まる。

円を買いたい人が減れば円安になる

アメリカに旅行に行って持ち帰ったドルを円に両替したことがある人も多いだろう。「ドルを円に両替する」とは、言葉を換えれば「ドルで円を買う」ことなのだ。

モノの値段と同じで、**円の値段も需要と供給の関係で上下している。円を買おうとする人が増えれば円高になり、逆に円を買おうとする人が減れば円安になる。**

では円を買うのは誰かというと、ひとつは貿易関係の企業だ。日本の自動車メーカーが自動車をアメリカに輸出すると、その代金はドルで受け取ることになる。

しかし当然、日本の従業員の給料は円で支払わなければならないし、日本国内の部品メーカーへの支払いにも円が必要だ。そこで各国の通貨を売買する「外国為替《かわせ》市場」で、自動車代金のドルを売って円を買うことになる。だから、日本から外国への輸出が増えれば、円を買う企業が増えて円が高くなる傾向がある。

ここで注意しなくてはいけないのが数字の見方だ。

「一ドルが一〇〇円から一二〇円になった」と新聞で書かれていたり、ニュースで聞いたりすると、あなたは「数字が大きくなったので円高になった」と捉えたりしていないだろうか。しかし、そうではなくて、実はこれは円安の状態なのだ。

たとえば昨日まで一ドルでアメが一〇〇個しか買えなかったのが、今日は一二〇個も買えるようになったら、このアメは「値下がりした」ということになる。

それと同じことで、一ドルで一〇〇円しか買えなかったのが、一二〇円も買えるようになったら、円が値下がりしたことになる。

金利差と物価上昇率が影響する

貿易関係者の需要と供給以外にも円相場に影響を与える要因がある。

ひとつは各国の金利差だ。お金を運用しようとする企業や人にとっては、金利が高い国で運用したほうが得なので、金利の高い国の通貨は高くなる。もうひとつ、各国の物

円安になるしくみ

日本

アメリカ

日本	アメリカ
金利↓下がる	金利↑上がる
物価↑上がる	物価↓下がる

円よりもドルのほうが魅力的だから、
円を売ってドルを買おう！

円安

価上昇率も影響する。物価が上昇しているインフレの国の通貨を持っていると、その通貨はどんどん目減りして損をする。だからインフレの国の通貨は売られて安くなりやすい。

二〇一二年には一ドル八〇円ぐらいだったが、二〇一三年から日本銀行が「異次元」と名付けるほどの強力な金融緩和を始めた。つまり金利を引き下げたのだ。二〇一六年にはさらに進んで銀行が日銀に預けるお金の一部にマイナス金利をつけるようになった。その影響か、二〇一三年以降は一ドル一〇〇円を超えて安くなっている。

円安が得かどうかは立場による。

基本的に、円安で喜ぶのは輸出企業だ。一ドル八〇円の円高のときには、アメリカに輸出して儲けた一ドルが円にすると八〇円にしかならなかったのが、一ドル一二〇円の円安になると一ドルの儲けが一二〇円になる。

あるいは、ドル建ての価格を値下げしてたくさん輸出することもできる。中国からの「爆買い」ツアーで旅行関係者や小売業者が潤ったのも円安のおかげが大きい。その一方で、円安でつらい思いをするのは輸入関係者だ。円が安くなると、逆にドルの仕入れ値が高くなってしまうからだ。

LESSON 05

「広告費のせいで製品の価格が高くなる」は間違い

コストが上がるからといって価格が上がるというわけではない。

売れれば一個のコストは減る

あなたは街で、こんな宣伝文句を聞いたことはないだろうか？

「有名メーカーの製品の価格には広告宣伝費が含まれているから高いのです。わが社は宣伝費を省いているから、お安く提供することができます」

そんなことを言われてしまうと、広告宣伝費をかけなければモノが安く売れると考えてしまうが、ことはそう単純ではない。

メーカーが広告宣伝費をかければ、その製品のコストが押し上げられる。ここまでは正しいが、それだけで製品の価格が高くなるとは限らない。

そもそもひとつの製品には、開発費や原材料費はもちろんのこと、それを作る人たちのための人件費、流通させるための輸送費など、いろいろなコストがかかっている。

しかし、それだけのコストがかかっても、製品の値段は高くなる一方とは限らない。というのも、製品が売れれば売れるほど、コストは安くなっていくからだ。

たとえば、自動車の新車の開発費が五〇〇億円かかったとする。

この新車が五万台しか売れなければ、一台あたりのコストは一〇〇万円という計算になる。しかしもし五〇〇万台売れたならば、一台あたりのコストは一万円ですむことになる。

宣伝費をかけても売れれば一個あたりのコストは減る

もし広告宣伝に一〇億円投じたとしても、それで売れ行きが飛躍的に上がれば、一台あたりのコストは全体として下がることもありえる。その分を値下げに回せば、広告し

広告することで製品が安くなるしくみ

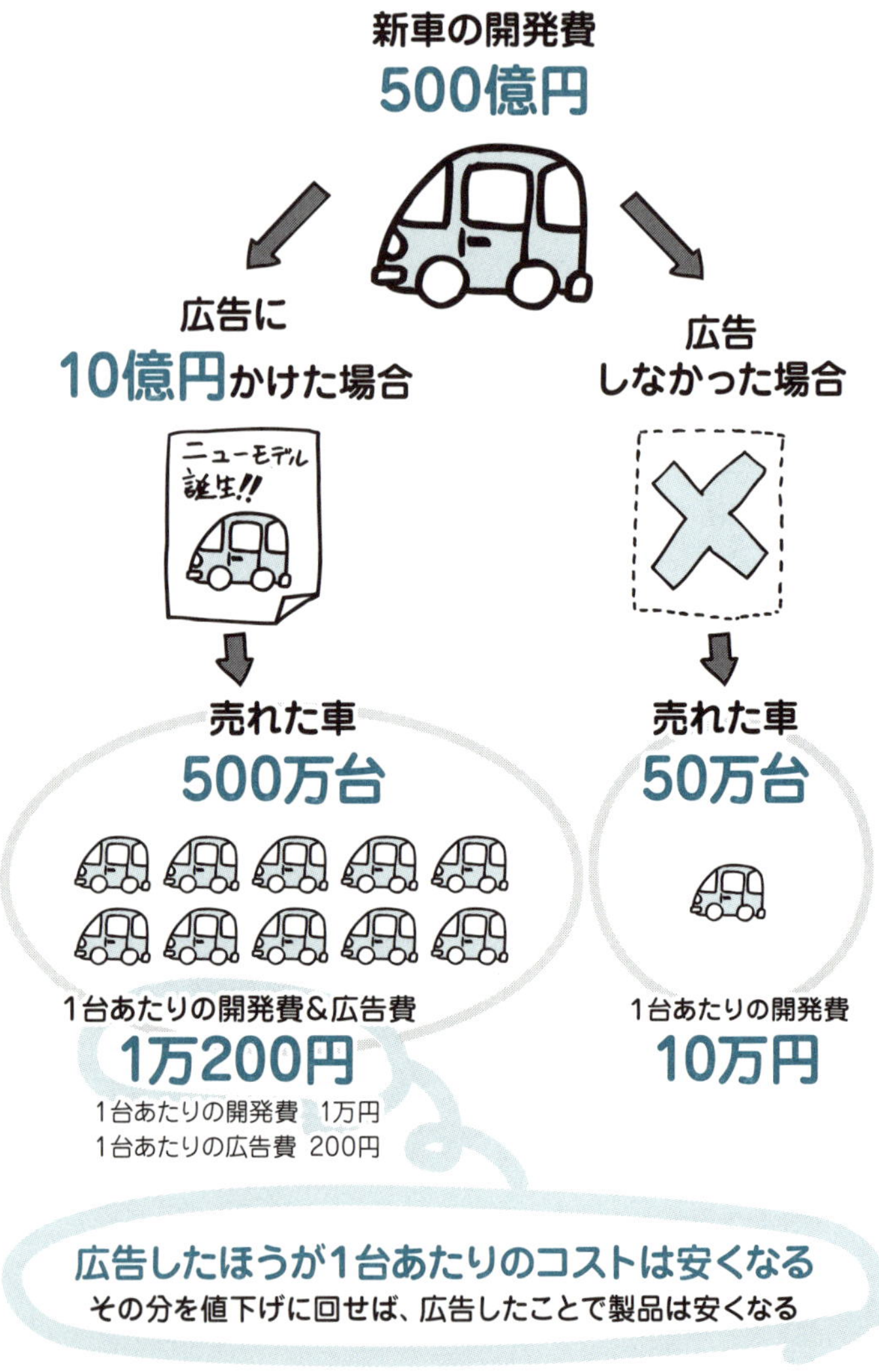
新車の開発費
500億円
広告に
10億円かけた場合
ニューモデル
誕生!!
売れた車
500万台
1台あたりの開発費&広告費
1万200円
1台あたりの開発費　1万円
1台あたりの広告費 200円
広告
しなかった場合
売れた車
50万台
1台あたりの開発費
10万円
広告したほうが1台あたりのコストは安くなる
その分を値下げに回せば、広告したことで製品は安くなる

たことで、むしろ製品の値段を安くすることができるわけだ。

一方で広告宣伝費をかけないメーカーは、広告宣伝のコストは浮くが、その存在自体が消費者の目に届きにくい。市場で認知されないせいで数が売れなければ、結果的に製品一個あたりのコストが高くなってしまう。

たいていの無名メーカーの製品が安いのは、広告宣伝費うんぬんというよりは、単に安くしないと売れないからだ。逆に有名メーカーの製品は、高くても売れるから高いのだ。

モノの価格は、コストがいくらかかっているかどうかではなく、やはり需要と供給で決まるのだということを覚えておこう。

LESSON 06

「魚屋さん」と「ホテル」の共通点

閉店時刻直前の魚屋さんが値下げする理由とホテルが料金を下げる理由は同じだ。

「生もの」の価格は変わる

ひとつの商品の需要と供給のバランスは、いつでも安定しているわけではない。一度そのバランスが崩れてしまうと、商品の価格も変わる。魚屋さんとホテルというと、まるで違う商売に見えるが、実は扱っている商品にひとつの共通点がある。魚屋さんは魚、ホテルは客室を売っているが、これは両方とも「生もの」だと言えるのだ。どういうことなのか説明していこう。

魚屋さんは仕入れた魚を早く売り切ってしまわなければ腐ってしまう。腐った魚に対しての需要はゼロだから、売り物にならない。売れ残ると仕入れにかかったコストが丸ごと損になってしまうので、どんなに値引きしてでも腐る前に売ったほうが、いくらかお金が入るだけマシなのだ。だから閉店時刻間際になると、どんどん値引きすることになる。

ホテルの客室は文字通りの意味で腐るということはないが、実は客室は魚よりもずっと「生もの度」が高い。それは「今日の部屋を明日売ることはできない」からだ。

ホテルを経営するコストを日割りで分割すれば、**二〇〇室の客室を持つホテルは、毎日二〇〇室の客室を仕入れていると考えることができる。**魚屋さんが、毎日二〇〇匹の魚を仕入れているのと同じだ。

日割りの経営コストはお客が泊まらなかったからといってタダになるわけではない。なので、この二〇〇室はその日のうちにお客に売ってしまわなければ（＝お客を泊めなければ）損をすることになる。次の日に売るのはまた別の二〇〇室なのだから、その日のうちにお客が泊まらなかった部屋は、腐った魚と同じだ。

魚屋さんなら、「今日はあまり客が来ないだろう」と予想したら、仕入れを減らすことができる。それに冷蔵庫や冷凍庫などの保存技術も発達したから、昔に比べれば魚の

ホテルは毎日、客室という「生もの」を仕入れている

鮮度を保つことも容易になった。

ホテルの部屋は減らせない

ところが、ホテルは「今日は客が来ないだろうから部屋を減らそう」というわけにはいかない。一度ホテルを建てたら、毎日、同じ数の客室を仕入れ続けなければならないからだ。魚とは違い建物なので、日によって仕入れる数を変えることはできないし、売れ残った部屋を冷蔵庫にしまって保存することもできない。

多くのホテルが、正規の宿泊料金を支払う客だけでは客室が埋まらないために、早い段階から値引きをしている。さらに、夜遅く、つまり空いている部屋が腐る寸前に、予約なしで泊まりに来てくれた客に値引きするホテルもある。

ホテルが夜に値引きする理由は、実は魚屋さんの値引きの理由と同じ「生もの」を扱っているからなのだ。

LESSON 07

高くても売れるのになぜ値上げしないのか？

「値上げしないほうが儲かる」という場合もありうる。

なぜ高くしないのか？

買い手はなるべく安く買おうとして、売り手はなるべく高く売ろうとするのが経済活動の原則だ。しかし、もっと高く売ろうと思えば売れるのにそうしない売り手がいる。たとえば人気アーティストのコンサートのチケットだ。チケットを売り出せば即完売というようなアーティストは、今の値段の二倍か三倍で売っても、たぶん売り切れるだろう。だったらなぜそうしないのか。みすみす儲けのチャンスを逃すのは経済原則に反するのではないか。

もしかするとアーティストは経済原則の外で生きていてお金を持っているファンだけでなく、お金のないファンにも来てほしいということで安くしているのかもしれない。

しかし、もしかするとチケットを値上げしないほうが、最終的には儲けが大きくなると見込んでいるのかもしれない。

せちがらい考え方だが、そういう仮説を持って世の中を見渡すのが経済学的思考というものだ。

人気商売の計算

実際にこの問題についてはいくつかの仮説があるが、ひとつ言えるのは、野菜や魚のような商品と違って、コンサートのチケットはそのときどきの需要と供給に応じて高くしたり安くしたりしにくいということだ。

アーティストは人気商売だから、今は人気があっても、いつ落ち目になるかわからない。人気があるときに調子に乗って値上げすると、人気が落ちたときに客が入らなくなる。そのときに値下げするのはいかにもみっともない。だからそもそも値上げがしにくいのかもしれない。

ちなみに、テレビや映画に出演するときの俳優のギャラは、デビューしたては安いけ

コンサートのチケットが値上がりしないのは

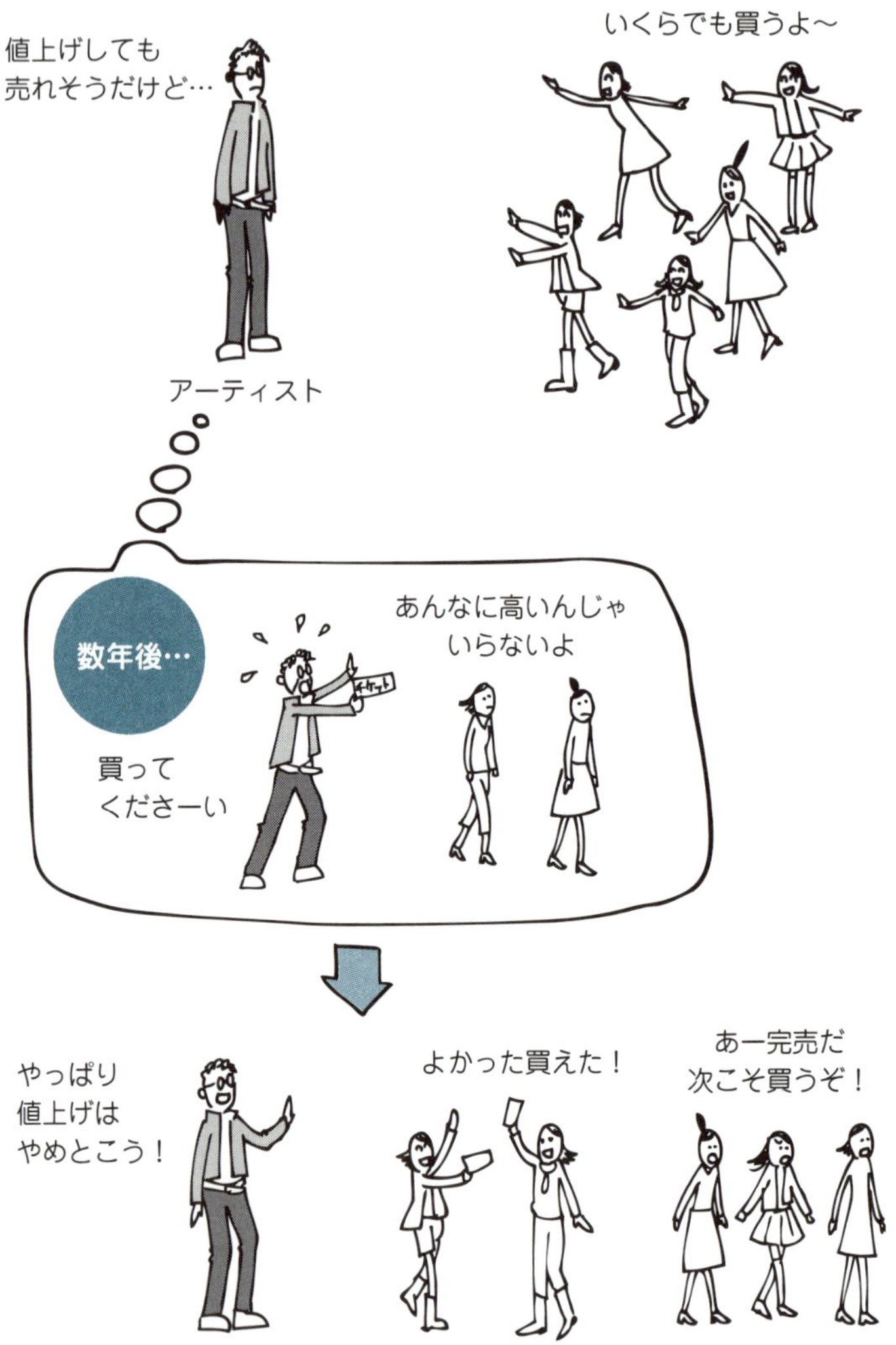

れども、人気が出てくるとだんだん高くなる。大御所になれば驚くほど高額なギャラが支払われる。

では人気が落ちたらギャラも下がるかというとそうでもなくて、なかなか下がりにくいようだ。需要と供給の関係からいうと当然下がるはずだが、俳優にもプライドがあるだろうし、なにしろそれが芸能界のしきたりらしい。

使う側のテレビ局にすれば、ギャラが高い割に視聴率がとれない俳優は使いにくいので、さっぱりお呼びがかからなくなってしまう。人気が出たからといって強気で高額のギャラを要求するのも考えものなのだ。

他のアーティストの二倍も三倍もするチケットを売ろうとするなら、それが人気にどう影響するかも考えなくてはならない。金儲けに走っていると見られると評判を落とすことになる。

お金に余裕のあるファンはコンサート会場でTシャツやタオルなどのグッズをいろいろ買ってくれるので、チケットはなくても物販で儲けることができるだろう。

LESSON 08

「ブランド」が生まれた理由

品質に自信があることを
消費者に堂々と示すのがブランドの役割だ。

ブランドとは、消費者に品質を示すものだった

私たちがお金を出してものを買うのは、それを生活や楽しみに使うためだ。たとえばバナナを買うのは食べるためだし、テレビを買うのは番組を観るためだ。

こうした商品は、**品質が同じなら価格が安いほど需要が増え、価格が高くなると需要が減る。** そして、欲に目がくらんだ売り手がうかつに高い価格をつけると、もっと安い競争相手に顧客を奪われてしまう。

高く売るためには、競争相手より品質をよくする必要がある。しかし、品質のよしあしは店先で商品を手に取るだけでは伝わらないことが少なくない。

一九世紀も終わり頃、アメリカにプロクターという石鹸メーカーがあった。

当時、石鹸は今のように一個ずつパックされておらず、練り石鹸の状態で、店先で量り売りされていた。しかしプロクター社は、自社の製品の品質に自信があったので、他社の製品とごちゃ混ぜに安く量り売りされるのが我慢ならなかった。

そこで編み出したのが、現在のような一個ずつの型押しの石鹸だ。加えてそこには「アイボリー」というブランド名も表示し、「きちんとした家庭はアイボリー石鹸を使う」と大々的に宣伝した。

結果的に、プロクター石鹸は良質な石鹸であるという評価を勝ち得ることができた。石鹸という商品に初めて「ブランド」の概念が確立したのだ。

ブランドの役割は変わった

このように、ブランドというものには品質を保証するはたらきがあった。

その保証のおかげで少々高くても消費者が買ってくれるのだ。しかし徐々に時代は移り変わり、少々どころか突出した高値で消費者を引きつけるブランドも出てきた。こうなると、ブランドは単なる品質保証を越えて「自己満足」や「見せびらかし」の手段へ

ブランドは品質の保証から始まった

ブランドがないと

品質が不安…。
安くなければ買えない
石鹸
量り売り

ブランドがあると

品質が信頼できる。
少し高くても買いたい…。
一個ずつ売る

と、その意味を変化させたと言える。

ブランドが大好きなのは何も女性に限らない。

権威があるとされる新聞の書評欄に掲載された本すべてを毎週書店に買いに来る男性客がいるのだという。その人にとっては「○○新聞」というのが知的なブランドなのだ。そんな権威にすがる中年男性もファッションブランドを身にまとって喜ぶ若い女性も変わるところはない。

今の世の中、ブランドをまったく気にせずに生きることは難しいのだ。

LESSON 09

「食べ放題」はなぜ高い食材を使えるのか？

大量仕入れと人件費の節約でコストを下げることができる。

材料費を抑えられる

最近の食べ放題レストランは価格の割に食材の質が高いように見える。どうしてそれが可能なのだろうか？

料理の種類にもよるが、普通のレストランの原価率（メニューの価格の中で肉や野菜などの食材費の占める割合）は、そう高いものではない。

食堂関係の業界誌によれば、普通のレストランなら高くてもせいぜい三〇％くらいのようだ。レストランの中でも原価率が高い回転寿司の原価率は五〇％近いと言われている。回転寿司は昔に比べてだいぶネタがよくなったと言う人が多いが、数字でも裏付けられている。

一般のレストランはメニューがいろいろあるため、多くの種類の食材を取りそろえる必要がある。レストラン側は一日の中でどのメニューがどれだけ出るかは、ある程度は予測できるけれども、当然、必要な食材量を一〇〇パーセント見通すことはできない。よって、どうしても食材には売れ残りのロスが出てしまうことから、その分のコストは計算に入れておかなくてはならなくなる。

しかし**一般のレストランと違って、たとえばすき焼き専門店などは使う食材が限られているので、そのぶん大量に仕入れて安くすることができる。**つまり食材の仕入れコストを抑えることができるのだ。

また、お客はすき焼きしか注文しないので、食材のロスも減らせる。そうしてコストを下げて浮いた分のお金で高級な食材を仕入れることも可能になるというわけだ。

人件費が少なくてすむ

レストラン経営のコストでは料理人や給仕の人件費も大きな比率を占めるが、すき焼きやしゃぶしゃぶ、焼き肉などの食べ放題店は人件費がかなり節約できる。

食べ放題のお店と普通の店を比べると

食べ放題のお店	普通のレストラン

食　材

大量仕入れで食材費を下げる

▶いろいろな食材をそろえる必要があるのでムダが出やすい

人件費

人件費を節約できる

▶一度にたくさん調理できる
▶お客が自分で料理をとりにいくことも

まず給仕。一般のレストランなら、多くの種類のメニューについて客からの質問に答えたり、いろいろな注文をきちんとメモして間違いなく厨房に伝えたり、さまざまな食器に盛りつけた料理をこぼさずに運んだりできる人を雇うか、できるように教育しなくてはならない。そのために人件費がかさんでしまう。

しかし、すき焼きの食べ放題なら、基本的には肉や野菜を客席に運んで、カラになった皿を持ち帰るだけですむ。だから人件費の高い人を雇う必要がない。店員が給仕せず、料理や食材を一か所に並べてあって客が取りに行くビュッフェスタイルなら、厨房と並べてある場所の往復だけなので、人数も少なくてすむ。

厨房はどうか。客の注文があってから、客に出すタイミングを見はからいながら一人前ずつ調理する通常のレストランと、一度に何十人分も調理するビュッフェとでは効率が大違いだ。すき焼き、しゃぶしゃぶ、焼き肉などに至っては、客が喜んで自分で調理してくれるので、料理人すら不要。肉や野菜を切りわけるくらいは機械やアルバイトで十分だ。

食べ放題では会計も簡単だから、レジ打ちの人件費も少なくてすむ。食べ放題の店が食材に多少コストをかけても十分に利益をあげられるのは、実は、こんな秘密があるからなのだ。

LESSON 10

先物取引とは「将来の価格」を決めておくシステム

売り手と買い手が互いに損をしない取引をするための約束事とは。

先物取引はリスクを避けるために編み出された

先物取引はリスクが大きいから近づかないようにしている人は多いだろう。たしかに、顧客を食い物にする悪徳業者もいるから、うかつに手を出さないほうがいい。しかし先物取引自体は、むしろリスクを避けるために編み出されたものだ。

先物取引とは、簡単にいえば将来の価格をいま決めてしまおうというものだ。キャベツ農家と食品スーパーを例にしてみる。来シーズンのキャベツの収穫高は、天候によって大きく左右される。

農家にとって怖いのは、キャベツが採れすぎて値崩れする「豊作貧乏」だ。そして、スーパーにとって怖いのは、不作で価格が暴騰し、品揃えに支障をきたすことだ。

つまり、お互いに将来のキャベツ相場に対してリスクを抱えているということになる。そこで、次の収穫期を待たずに、たとえば一キロ二〇〇円で売買しようと農家とスーパーとの間で今のうちに決めてしまうのである。すると農家は将来の収入が、スーパーは将来の仕入れコストが確定できる。**お互いに将来のリスクをなくす（リスクヘッジをする）ことができるのだ。これが先物取引の効果だ。**

先物市場のしくみ

もう少し考えを進めてみよう。先物売りをしたい農家と先物買いをしたいスーパーは他にもたくさんあるだろう。それがバラバラに価格の交渉をするよりは、みんなで集まって交渉したほうが効率的な価格形成ができる。これが先物市場だ。

先物市場には、安心して参加するためのしくみが必要だ。

普通の市場（現物市場）では、売買が成立したらその場で売り手にはお金が入るし、買い手は現物を持ち帰ることができる。先物取引ではその現物がないから、現時点ではあくまで取引の契約が交わされるだけだ。しかし決済時点を前に片方が夜逃げしないという保証はない。

先物取引のしくみ

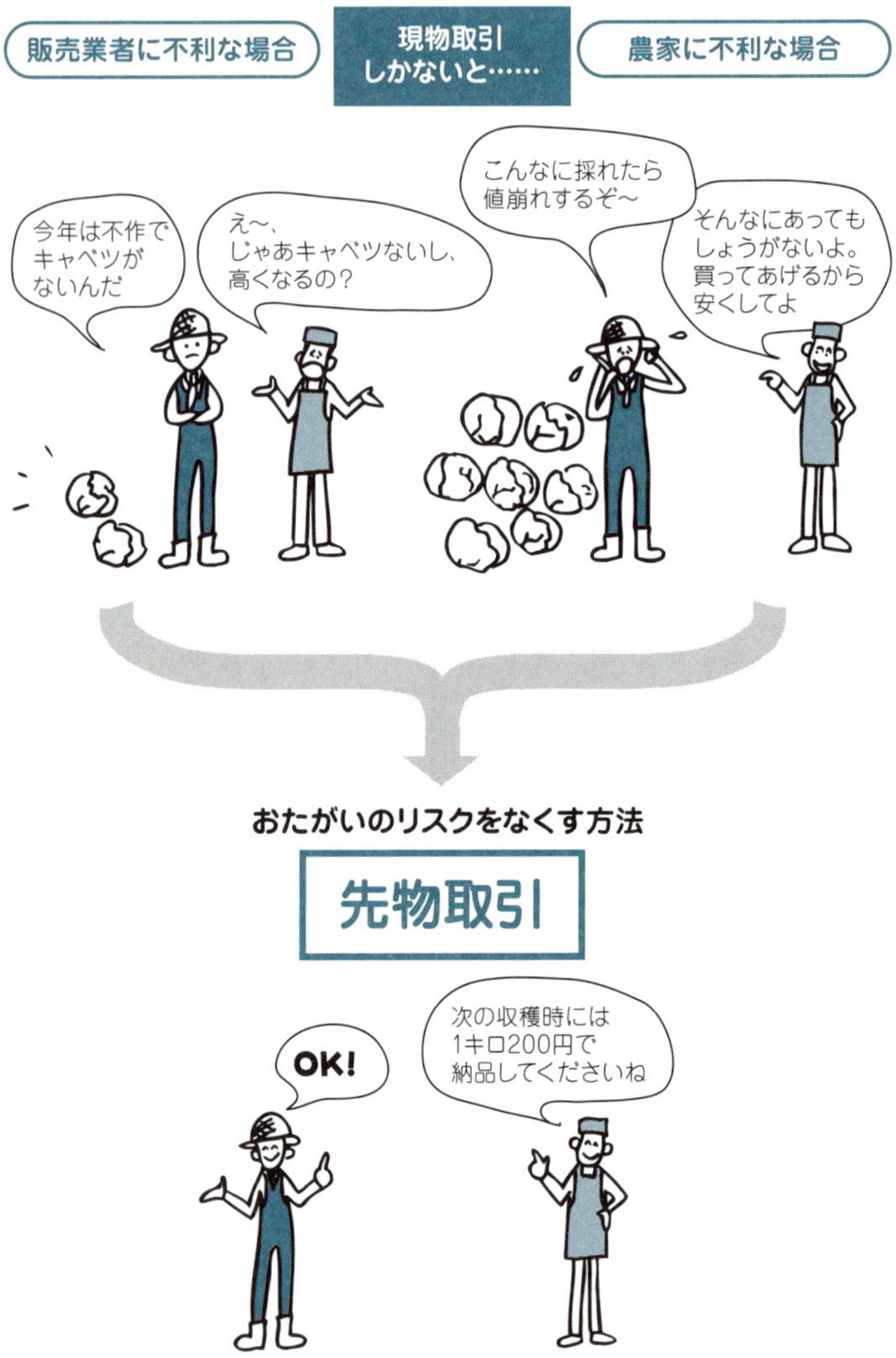

販売業者に不利な場合
現物取引
しかないと……
農家に不利な場合
今年は不作で
キャベツが
ないんだ
え〜、
じゃあキャベツないし、
高くなるの？
こんなに採れたら
値崩れするぞ〜
そんなにあっても
しょうがないよ。
買ってあげるから
安くしてよ
おたがいのリスクをなくす方法
先物取引
OK!
次の収穫時には
1キロ200円で
納品してくださいね

そこで通常は、先物取引をする人はしかるべき機関に保証金を積むなどのしくみがとられている。保証金さえ積めば、現物取引に関係のない人でも先物取引に参加できるので、これをギャンブルのようにとらえてひと儲けを目論む相場師たちがいる。

相場師というと響きがいかがわしいが、農家やスーパーが先物市場を通じてリスクヘッジをするためには、**一方にリスクをとってくれる相場師がいるほうが、市場が効率化するという面がある。**先物取引は将来の価格変動のリスクを減らしたい人にも、リスクを冒して「勝てば大儲け、負ければ大損」といきたい人にも利用価値があるのだ。

世界で最初の本格的な先物取引は日本で始まった。

一七三〇年に開設された大阪の堂島米会所のコメの先物取引がそれだ。戦前までの日本にはコメ先物を扱う市場が各地にあったが、一九三九年に戦時統制経済で廃止された。

それが二〇一一年の七月になって、コメの先物取引が試験的に認可された。取引は期待されたほど活発ではないが、その後試験期間の延長を繰り返して現在に至っている。

コメ先物を正式に上場しようとする動きもあったが、投機に利用されるという政治家の反対で見送られたという経緯もある。きちんとした市場をつくって自由で公正な取引が活発化すれば日本のコメ関連産業にとっては大きなプラスになると期待される。

LESSON 11

自由貿易はお互い得をする

自由貿易のもと、国際分業をすれば相互の国の利益になる。

何が輸出されるのか？

国家間の自由貿易は、基本的には両国にとって有益だといわれる。その理由を考えてみよう。

たとえば、世界にA国とB国の二つしか国がなく、両国とも産業は鉛筆産業と消しゴム産業の二つしかなく、二国間で貿易される商品も鉛筆と消しゴムしかないと仮定する。

A国では鉛筆が四〇円で消しゴムが一二〇円、B国では鉛筆が五〇円で消しゴムが一〇〇円だとする。

両国間で貿易がおこなわれれば（輸送費などは考えないとして）、商品は安い国から高い国へと輸出されるので、鉛筆はA国からB国へ輸出され、消しゴムはB国からA国へ輸出されるはずだ。両国の消費者とも、貿易を始める前にくらべて、よりハッピーになるだろう。

では、A国では鉛筆が三〇円で消しゴムが九〇円、B国では鉛筆が五〇円で消しゴムが一〇〇円の場合はどうだろうか。鉛筆も消しゴムも、A国のほうが安い。こういう場合は鉛筆も消しゴムもA国からB国へ輸出されて、B国の労働者は仕事がなくなってみな失業してしまうのだろうか。

そんなことにはならない、というのが経済学の教えだ。

相対的な効率性を考える

比較生産費という考え方がある。

A国で鉛筆と消しゴムの価格をくらべると、30：90＝1：3だ。B国では50：100＝1：2だ。消しゴムはA国では鉛筆の三倍の価格が付くが、B国では二倍にとどまっている。A国ではB国にくらべて相対的に消しゴムの価値が高いといえる。言い換えれ

自由貿易をすればどちらの国も豊かになる

❶ 相手国より価格の安い商品が輸出されると思われがちだが…

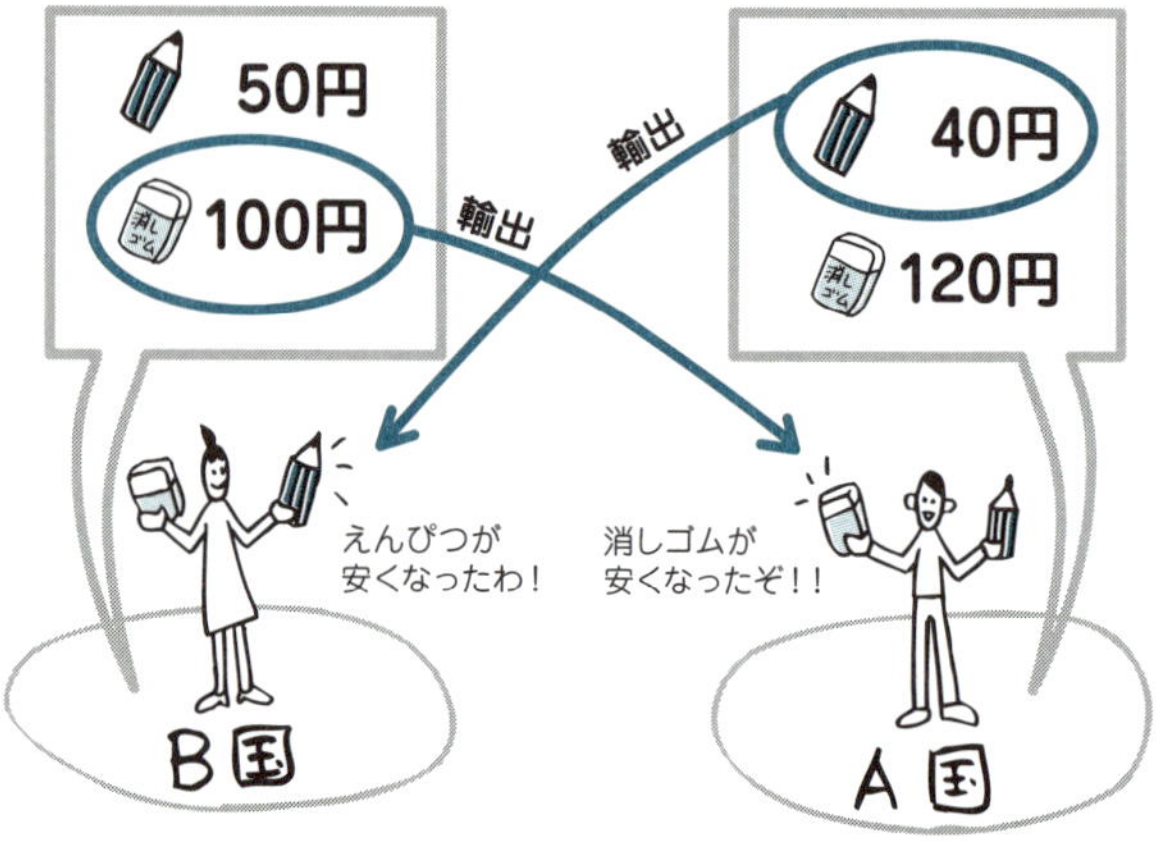

❷ それぞれの国で相対的に安くつくれる商品が輸出される

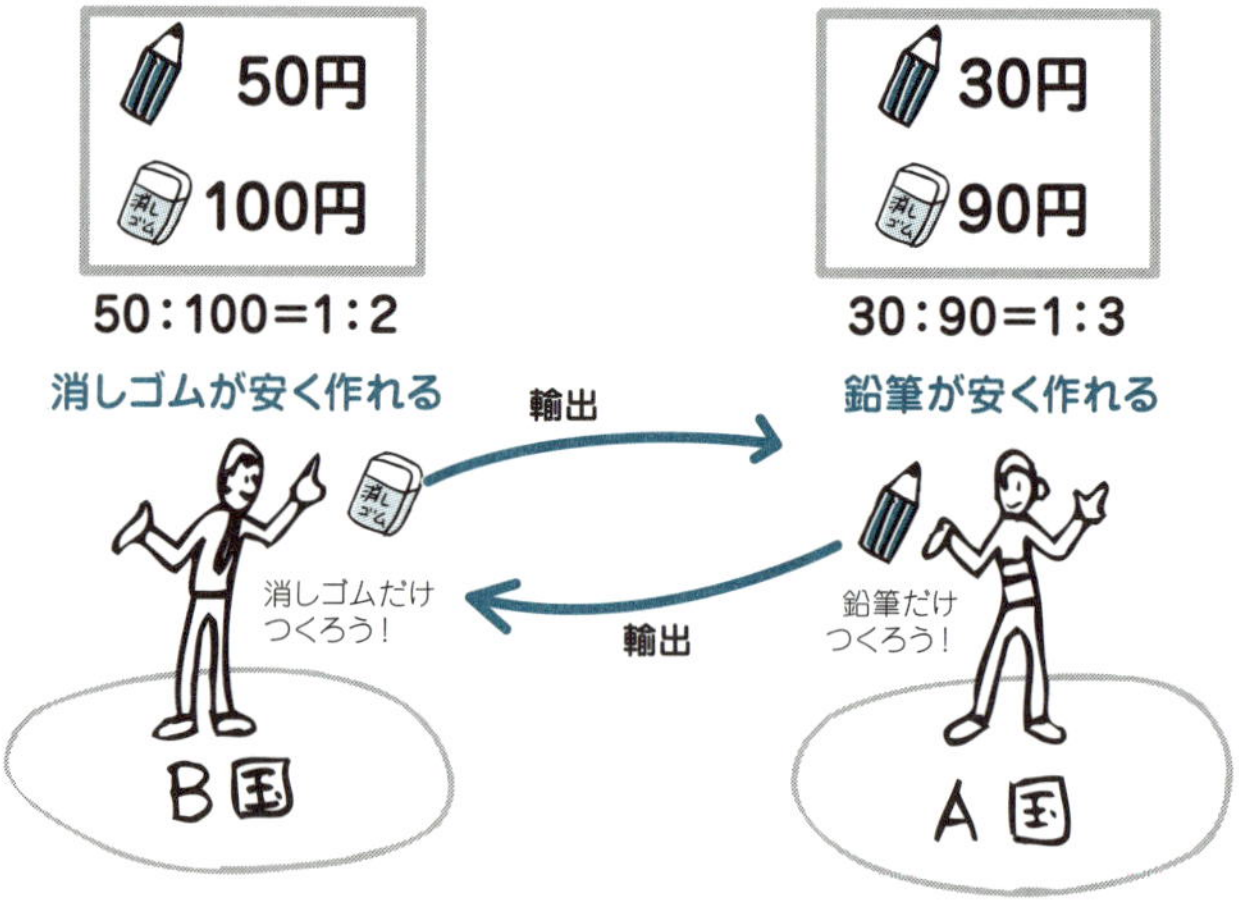

▶ A国は消しゴムを作るよりB国から輸入したほうが効率的

▶ B国は鉛筆を作るよりA国から輸入したほうが効率的

ば、相対的に鉛筆が安く作れるのだ。

その裏返しで、B国ではA国にくらべて相対的に鉛筆の価値が高く、消しゴムが安く作れる。こういう場合はA国は鉛筆だけを生産し、B国は消しゴムだけを生産する。そして互いに貿易をすれば、両国民とも貿易をしない場合よりも豊かになることができるというわけだ。

絶対的な得手不得手ではなく、相対的な得手不得手をもとに国際分業をして自由貿易をすれば双方の利益になる、という考えを比較生産費説という。

[環太平洋パートナーシップ協定、「TPP」については66ページのコラムを参照]

LESSON 12

保険は「買い手」に情報が片寄った商品

保険とは保険会社と加入者との間の賭けのようなものだ。

公正な取引と情報の関係

市場で公正な取引がおこなわれるためには、取引される商品の性能や品質などについて、売り手と買い手がともに完全な情報を有していることが条件となる。

ところが現実には、肝心な情報を売り手か買い手のいずれかだけが握っていることが少なくない。情報を持っているほうが取引相手に正直に教えてあげればよさそうなものだが、市場の参加者がみな正直者とは限らない。相手をだまし、不当な利益を得ようとする人が出てくるものだ。

たいていの商品では、情報は売り手にかたよっている。その商品に不利な情報、たとえば不良品であるとか、まったくの不人気商品であるとかいう情報は、売り手はよく知っているが買い手は知らないことが多い。不心得な売り手はそれを利用して無知な客に売りつけることがある。もちろん腰を落ちつけて商売をしようとする人は、めったにそんなことはしない。客の信用を失ってしまうからだ。

逆に買い手に情報がかたよっている商品も存在する。それが保険である。保険という商品に関する知識については、他の商品と同様に売り手である保険会社の方がたくさん持っている。そうではなくて、保険を買う人の情報だ。

保険が成り立たない危険

その人の健康状態がどうか、自殺を考えているかどうか、自動車の運転が無謀かどうかなどはとても重要な情報だが、保険会社よりもずっと、保険の買い手である本人がよく知っている。したがって、ほうっておくと、事故の危険の高い人が大勢、保険を買いにやってきてしまう。すると保険金の支払いが増えてしまうので、保険会社は掛け金を引き上げて帳尻を合わせようとする。

「モラル・リスク」が保険を崩壊させる

① 保険は、買い手（被保険者）に情報がかたよっている

健康状態がよくない　　自殺を考えている　　自動車の運転が無謀

② 危険度の高い人ばかりが保険を買いに来る

③ 保険の支払いが増える

④ 保険会社は掛け金を引き上げて帳尻を合わせようとする

⑤ 健康な人たちが保険に入ってくれなくなる

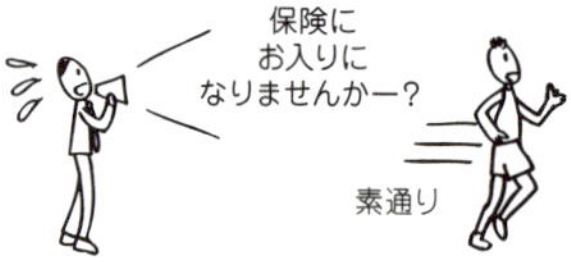

保険が成立しなくなる！

保険金が高くなると、心身ともに健康で安全運転の人が保険に入ってくれなくなり、最後には保険そのものが成り立たなくなるのだ。真実を偽って不当に保険から利益を得ようとして保険に加入しようとすることを「モラル・リスク」という。

モラル・リスクを防ぐためには、保険会社は危険の高い人をしっかりと見極め、加入を断るか、その人に対しては掛け金を高くしなければならない。理想をいえば、危険がひとりひとり異なるのだから、掛け金もそれに応じて細かく分けるべきだ。昔は技術とコストの面での難しさと、政府による規制のため、自由な保険設計ができなかったが、近年は自由化が進んで保険にバラエティが出てきた。自動車の運転をコンピュータでモニターして安全運転の人には保険料を安くして運転が乱暴な人の保険料は高くすることも可能になってきている。

ただし自由化されていろいろな保険が出てくると、加入者の側が勉強して、どれが自分に向いた保険かを見極めなければならない。テレビなどでは「無審査で入れる」「高年齢でも入れる」という保険が盛んに宣伝されているが、そういう保険はリスクの高い人が加入してくることを見越して保険料が高めに設定されているのが普通だ。**健康な人は審査のある保険のほうが得なことが多い。**

LESSON 13

流通業が価格を適正にする

流通業のおかげで経済が効率的に回り、価格が公正になる。

「中間搾取」ではない

流通業を指して「中間搾取」と言う人がいる。農業や工業は具体的な商品を生み出しているが、流通業は何も生産しておらず、商品を右から左に持っていく間に利益をとってしまう。本来の生産者や消費者の取り分をかすめとっている、不届きな存在だというわけだ。江戸時代の身分制でも、商人の身分は低く位置づけられていたようだ。

しかし、流通業が中間搾取だというのはとんでもない間違いだ。

流通業者は安く買えるところで買って、高く売れるところで売る、それは確かだ。たとえば、漁村で魚を買って山村に持っていって売る、農村で米を買って都会で売る、フランスでワインを買って日本で売る、日本で中古車を買って中東で売る、など。

もし、流通業がないと…

では、もし流通業者がいなければどうなるか。内陸に住む人が海の魚を食べたければ、自分ではるばる海のそばまで足を運ばなければならない。海の近くの町は魚が安いといっても、長い時間をかけて行き来すると、時間や費用がかさむ。それよりも、流通業者が運んでくる魚を買ったほうが結局は安上がりということは少なくない。**時間をかけても遠くの安い店で買うか、価格が高くても近くの店で買うか、それは消費者が決めることだ。**

また、漁というものは、大漁の時もあれば、さっぱりということもある。魚は腐りやすいので、獲れすぎるとただで地域住民に配ることもある。住民（＝消費者）は大喜びだが、漁師（＝生産者）はたまったものではない。

そんなときに流通業者がいれば、たくさん買い付けてあちこちに売りさばいてくれる。漁師にすれば、自分のいる小さな町の需要だけでなく、町の外の大きな需要まで取り込むことができるのだ。

流通業者は別々の市場をつなぐ

流通業者がいないと…

流通業者がいると…

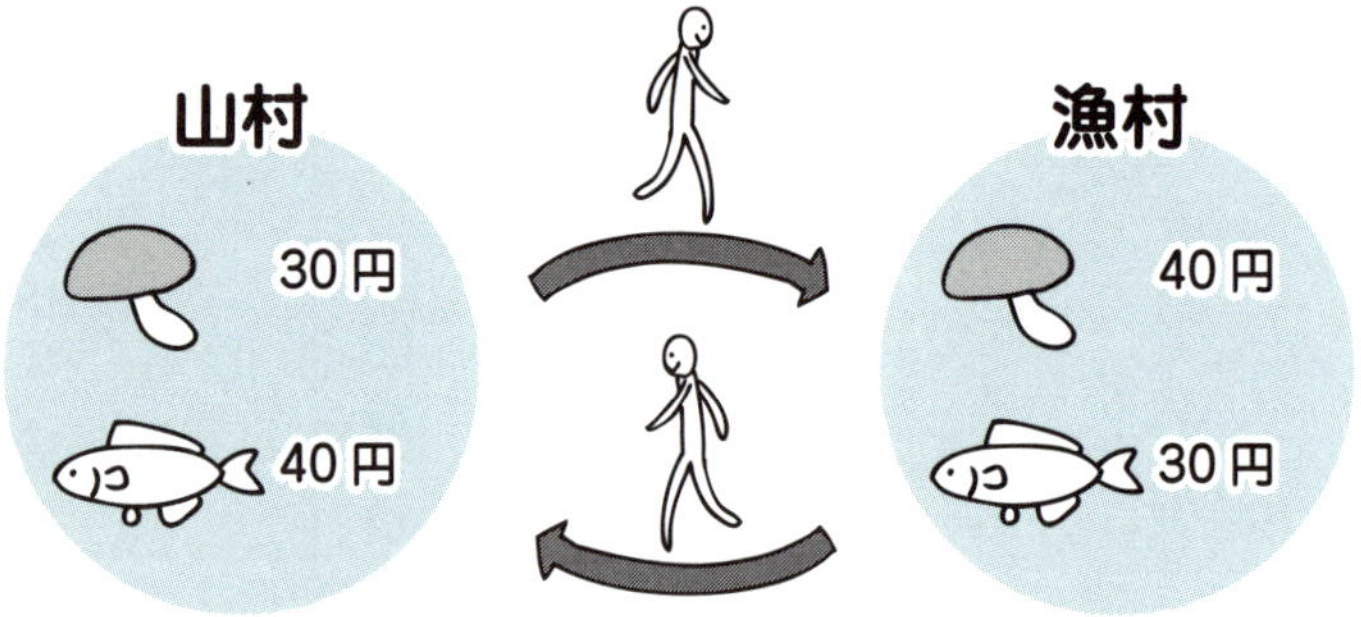

流通業者同士の競争が増えれば、
山村と漁村の価格差が縮まり、物価も安くなる。

流通業が存在しないときに比べて、流通業者が山村と漁村との間で商品を流通させているときは、漁村では魚の価格が上がり、山村では魚の価格が下がる。

そして、全体としては、そうして大きなひとつの市場にまとまったほうが、公正な価格が形成され、社会の厚生も高まるのだ。

LESSON 14

日本の流通は非効率か？

流通が何段階もあるからといって価格が高くなるとは限らない。

独占・寡占を防ぐ役割

日本の流通業界は、アメリカなどに比べて複雑に入り組んでいる。たとえば、アメリカではメーカーと小売店が直接取引をするが、日本ではメーカーと小売店との間に問屋が介在することが多い。問屋も一次問屋、二次問屋……と多段階にわたることもある。そのために商品が割高になることもないとは言えない。ただし、流通が何段階もあるからといって、必ず価格が高くなるとは限らない。要は効率性の問題だ。

メーカーから小売店まで商品を運ぶことはどうしても必要であって、誰かがそれを担う必要がある。大企業のメーカーなら自前で全国に商品を届ける物流網を構築できるかもしれないが、中小のメーカーでは難しい。そもそもモノを作るのが仕事のメーカーが流通もうまくできるとは限らない。

メーカーと小売店の直接取引しか方法がなければ、中小のメーカーや小売店は商売を成り立たせること自体が厳しいということになる。しかし、問屋があれば、全国の中小のメーカーと小売店をつなぐことができる。これは大手のメーカーや小売店への競争圧力にもつながるので、**大手のメーカーが市場を独占したり寡占したりする状態を防止できるのだ。**

小売の新規参入を容易に

直接的な競争圧力のほかに、潜在的な圧力もある。アメリカの地方では、大規模な小売店が出店して、圧倒的な安値で販売することで地元の伝統的な小売業者を駆逐してしまうことがある。そしてその後に価格を上げにかかるのだ。もはや地元に競争相手はなく、独占に近い形で商売ができてしまう。

ならばと新規参入してもっと安い価格で売ろうとしても、メーカーと直接取引できるだけの規模がある小売店でなければなかなか困難だ。

問屋があることで中小メーカーや小売店が競争に参加できる

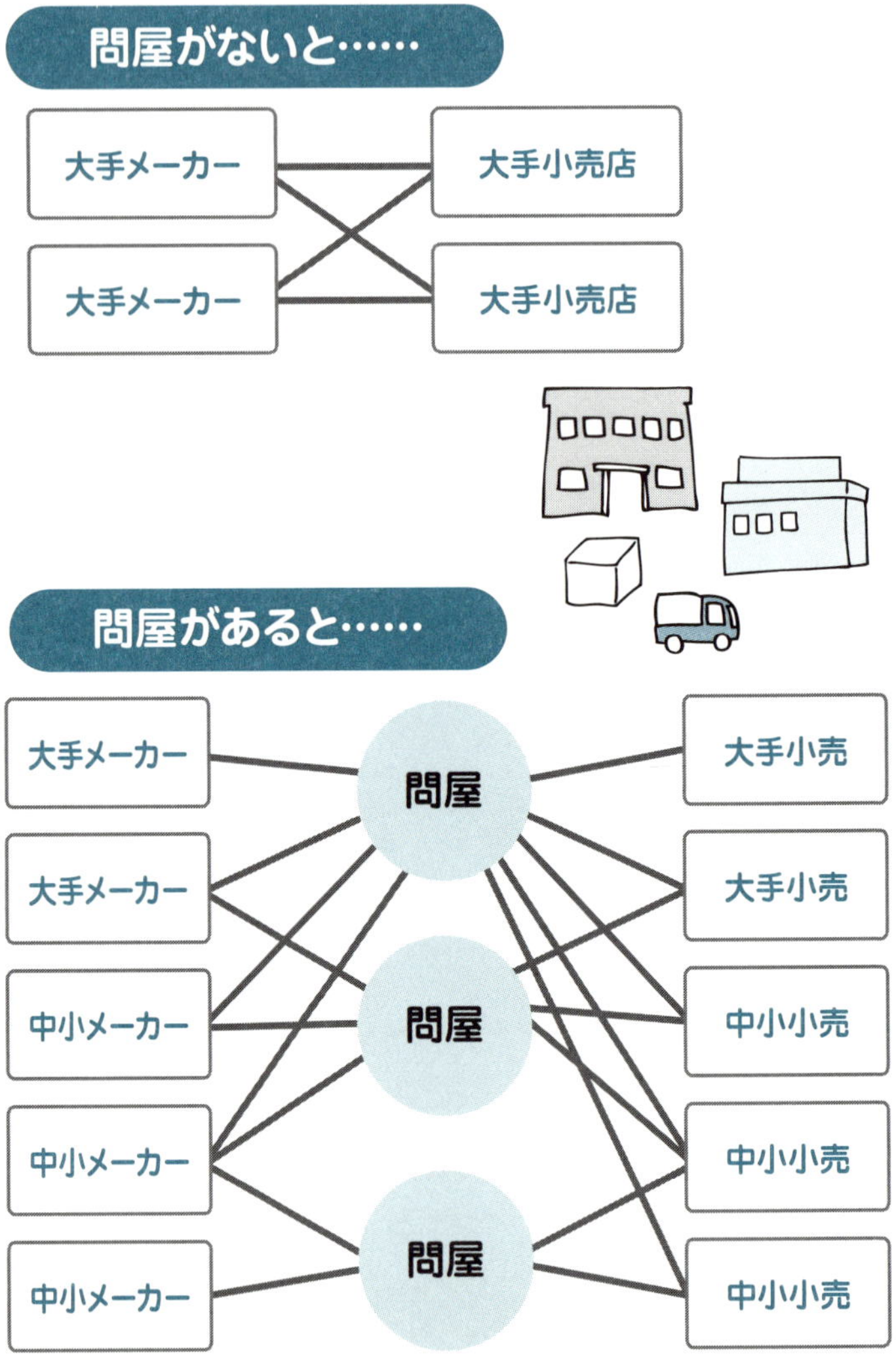

一方で日本では問屋が発達しているので、小売店の新規参入は比較的容易だ。いくつかの問屋に話をつければ商売が始められるからだ。

問屋があると既存の小売店は潜在的な競争にさらされることになる。いま競争相手がいないからといって、安易に高く売ることはできないのだ。

何十年も前から日本の流通は遅れているとか暗黒大陸だとか批判されてきたが、見えないところで効用もあるということだ。

Column

TPPとは何か

比較生産費説（Lesson12）が教えるように、自由貿易は原理的にはすべての貿易当事国にとって貿易をしない場合よりもメリットになる。しかし、どの国も歴史や伝統や圧力団体を抱えているので、ほとんどの国が関税やその他の貿易障壁を設けているのが現実だ。

自由貿易でデメリットを受けると感じている人や企業（たいていは生産者）は圧力団体を形成して政治家を突き上げるが、メリットを受けると感じている人（たいていは消費者）の声はそれほど大きくはならないから政治家もあまり耳を傾けない。

それでも、自由貿易を進めようという国際的な取り組みが何十年も続けられてきた。WTO（世界貿易機構）には百数十か国が加盟して自由貿易の促進に取り組んでいるが、関係国が多いので利害調整に時間がかかってなかなか合意ができない。これではらちがあかないというので、少数の国の間で互いに自由貿易を進めるFTA（自由貿易協定）や、貿易に限らずサービスなどの分野の障壁の撤廃も進めようとするEPA（経済連携協定）の取り組みが始まった。環太平洋パートナーシップ（TPP）協定もEPAのひとつで、途中から参加の日本を含むアジア諸国とアメリカやオセアニアの国々が多国間の協定づくりを進め、2015年10月に12か国が大筋合意に達した。

その後、トランプ大統領のアメリカがTPPからの離脱を表明して先行きが危ぶまれたが、残る11か国が協議を進めて、2017年11月に新協定の大筋合意が発表された。新協定の正式名称は「包括的かつ先進的TPP協定（CPTPP）」だが、TPP11（イレブン）という略称のほうが有名だ。TPPは新規加入を歓迎しているので、参加国は更に増える可能性がある。

TPPの影響は広範に及ぶが、貿易については、自由貿易を進めよう、保護貿易の制度はなくしていこうというのが基本方針だ。

よって、どのTPP参加国も、輸出業者にとっては相手国の保護がなくなったり減ったりするので嬉しいことだ。また国内の消費者も輸入品が安くなるというメリットがある。反対に、輸入関税などで保護されてきた国内業者には厳しい内容になっている。

日本の場合は、自動車メーカーにとっては朗報だ。カナダなどへの自動車や自動車部品の輸入関税が引き下げられたり撤廃されたりするので、日本からの輸出がしやすくなる。日本は食料輸入大国だが、日本はコメの輸入を増やし、牛肉や豚肉、乳製品などの関税を段階的に引き下げることになった。輸入食料品が安くなれば消費者の家計は助かるが、保護されてきた農業関係者は苦労が予想される。

今後は日本の農業をどうするかが、ますます重要な問題になるだろう。

保護貿易よりも自由貿易がいいという経済原則はあるけれども、実際はどの国も農業は大事にしている。世界中で自国の農業を保護していない国はほとんどない。日本も長年にわたって巨額の補助金をつぎ込んで保護してきた。しかし、その成果はどうだろう。農業人口はどんどん減っていて、全国に耕作放棄された農地が広がっている。

日本の消費者は食べものに安さだけを求めているのではなく、安全でおいしい農産物を求めている。やるからには、意欲と知恵のある日本の農家が、思う存分に腕を振るえるような補助政策を考えてもらいたいものだ。

2

経済学の目で世の中を見てみよう

当たり前のように思ってこれまで見過ごしてきたことやどうしてもわからなかったことが、経済学の目で見るとはっきりしてきます。

LESSON 15

利己心と競争が経済を回す

「世のため人のため」と考えていなくても、
売り手と買い手の利己的な行動が
資源をうまく配分する。

「神の見えざる手」

オスカー・ワイルドが子供向けに書いた『幸福の王子』という短編小説がある。子供のころに読んで涙した記憶のある人も多いことだろう。

ある町に王子の像があった。

両目は青いサファイヤでできていて、腰の剣の装飾には真っ赤なルビーが輝き、体は金箔に包まれている美しい像だ。その王子はとても優しい心を持っていて、町の不幸な人たちを見て心を痛め、渡りの途中にやってきたツバメに頼んで自分のサファイヤの目やルビーや金箔など、すべてを施してしまう。自分の命が果てるまで他人を助ける王子とツバメの崇高な行為に感動せずにはいられない。

しかし、残念ながら、このような行為が経済学の分析対象となることはあまりない。経済学について、誤解を恐れずに言ってしまえば、人間が思いっきり利己的にふるまったらどうなるかを考える学問だからである。みんなが利己的だったら経済は混乱してしまうのではないかと心配になるが、経済学のすごいところは、**市場の参加者（売り手と買い手）の利己的な行動が市場全体としてはうまく資源を配分するということを理論的に明らかにしたことにある。**

経済学の始祖であるアダム・スミスはこれを「神の見えざる手」と表現したが、たしかに神様を持ち出して説明したくなるほど不思議な現象である。

公正な競争が不可欠

流通業者がいるおかげで生産者も消費者も得をすることは先ほど説明したが、流通業者は、別に世のため人のために商売をする必要はない。「安いところで買って別のところで高く売って、ひともうけしてやろう」という動機でもかまわない。

生産者は「なるべく高く売れるように良い商品を作ろう」と励むし、消費者も「なる

競争があると価格が適正になる

競争がないと…

高くても買わざるをえない。

競争があると…

高く売ろうとすると安い別の店に行ってしまう。

べく良い商品をなるべく安く買おう」と血眼になる。これこそが効率的な資源配分をもたらすのだ。

ただしそれは無条件にとはいかない。生産者も消費者も流通業者も、公正な競争にさらされていることが条件である。

競争があれば、だれも暴利をむさぼることはできない。どこかの売り手が特別に高く売ろうとすると、もっと安く売る業者が出てきて（なにしろそれでも採算がとれるのだから）、そちらに顧客をさらわれてしまう。競争下では、だれも楽をして儲けることはできないのだ。

しかしここに問題がある。

利己的な人間は、できれば楽をして儲けたいと思っている。生まれつき競争が好きで好きでたまらないという人はめったにいない。

公正な競争は辛く苦しいものだから、うまく競争を回避して楽に儲けようと悪知恵を絞る人や企業はあとを絶たない。だから、まったくの自由放任ではやはり経済はうまくいかない。

「神の見えざる手」を実現するためには、人間の手が必要なのだ。

LESSON 16

悪徳商法は経済学で見分けられる

確実に儲かることなら人に勧めないで自分でやるはず。疑ってかかるほうがいい。

本当に儲かるなら自分でやる

人間は利己心だけで動くわけではないけれども、利己心は人間が行動するための強力な動機であることは間違いない。経済学はその利己心に焦点を当てる。

人間の目の前にいくつかの選択肢があれば、普通はその中で最も自分に得になる選択肢を選ぶだろう。何か儲かることを知っていて、それが自分にできることなら、誰だって自分でやるに決まっている。自分でやらないでわざわざ他人に教えるはずがない。つまり**「確実に儲かる」というふれこみで投資を誘うビジネスは、まったく経済原則に反しているのだ。**それは悪徳商法とか詐欺のたぐいである。

たとえばマンション投資が確実に儲かるなら、人を勧誘せず、借金してでも自分で買えばいい。そうしないのはそれが確実な儲け話ではないからだ。

楽をして儲かることなどない

ただし、勧誘している人が「自分もやっています」というビジネスなら信用できるかというと、そうとも限らない。

ネズミ講的なビジネスは、たとえば何か商品を本部から仕入れて販売する仕事をしないかと勧誘される。自分が販売すればいくらかの報酬がもらえるが、それよりも、さらに販売員を勧誘することが求められる。販売員の間にピラミッドのような上下関係ができていって、自分が勧誘した人や、さらにその人が勧誘した人の売上の一部が自分の収入になるというしくみだ。

ピラミッドの最上位にいるごく一部の人は儲かるし、最初のうちはみんなが儲けているようにとりつくろうことが可能だから、だまされてしまう人も多い。しかし、ネズミ講は遠からず破綻して、ほとんどの参加者は仕入れた商品を売るあてもなく損をして終わる。しつこい勧誘や損をさせられたことで友だち関係も壊れてしまう。

本当に儲かるなら他人に教えないと考えるのが経済学

本当に値上がりするなら
自分で買い占めるはず！

世の中には、楽をして儲けられるビジネスなどないということがどうしても分からない人がいるようだが、それは特殊な人たちではない。人間はなるべく楽をしようとする生き物だからだ。

ところで、経済学や経営学を研究していると、周囲から「いま何をすれば儲かるのか教えてくれ」と言われることがある。そんなとき筆者は「もし知っていたら、あなたに教えるより先に自分でやって儲けていますす」と答えることにしている。

LESSON 17

正直な業者が身を守る方法

正直な業者と悪徳業者の区別は難しい。
正直な業者は消費者に「知らせる工夫」をしている。

正直な業者は偽装のとばっちりを受ける

公正な取引がおこなわれるためには、売り手と買い手がその商品やサービスについて十分な情報を共有していることが必要だ。しかし、実際には、**売買される商品について売り手はたくさん情報を持っているが、買い手はごく限られた情報しか持っていないのが普通だ。これを経済学では「情報の非対称性」という。**

悪徳販売業者はそれを利用して消費者をだまそうとする。同じ肉でもブランド肉であれば高い値がつくが、そうでないものはずっと安く売買される。しかし消費者は必ずしもきちんとブランド肉とそうでない肉を見分けられないので、悪徳販売業者は安く仕入れた肉の産地や品質を偽装してブランド肉と見せかけて売りに出す。

まがい物を売りつけられる消費者はたまったものではないが、正直な販売業者もとばっちりを受ける。なぜなら、消費者は悪徳販売業者と正直販売業者の区別が必ずしもつかないので、全部の販売業者を疑いの目で見るしかない。その結果、正直販売業者の売上も落ち込んでしまうからだ。

こんな時は政府の出番であって、きちんと取り締まってもらわなくてはいけないが、実際はいたちごっことなってしまい、根絶は難しい。そこで正直な業者は自衛を迫られる。よくあるのが産地や生産者やブランドを表示するシールを商品に貼ることだが、このようなシールもまた偽造されたり、正規のシールが横流しされたりする。シールの偽造は安上がりなので、歯止めが利きにくいのだ。

「シグナリング」とは

中古車販売業界をみてみよう。中古車は新車と違って品質にばらつきがあるが、素人の消費者がそれを見極めるのは難しい。それをいいことに、悪徳中古車販売業者は悪い中古車を「これはいい中古車ですよ」と偽って高い（不当な）価格で売ろうとする。

シグナリングとは自分の商品の品質を証明し、なおかつ真似されない行為

正直な業者
1年間は無料で修理しますよ
同じ価格なら
こっちにしよう！
悪徳業者
こっちは故障するから
保証がつけられない…

正直な業者の品質のいい商品は故障しにくいので保証をつけてもコストがかからないが、悪徳業者の商品は故障しやすいので保証をつけるとコストがかさんでしまう。

一方で良心的な中古車販売業者は、本当にいい中古車を「これはいい中古車ですよ」と高い（適正な）価格で売ろうとする。

困ったことに、消費者からみると、悪徳業者も正直業者も同じことを言っていて区別がつかないので、不良品をつかまされるリスクを負ってまで高い中古車を買おうという気にはならない。その結果、よい中古車を適正な価格で売るというビジネスは成り立たなくなってしまう。

そこで、正直業者がとるのが「保証をつける」という販売方法だ。

たとえば販売後の一年間は無料で修理することを約束する。この方法が効果的なのは、正直業者の中古車は故障しにくいので保証をつけてもコストがあまりかからないけれど、悪徳業者の中古車は故障が多いので保証をつけたらコストがかさんでしまうため、シールと違って簡単に真似ができないことだ。

正直業者の保証のように、**自分が売ろうとしている商品の品質に間違いがないことや、相手をだますつもりがないことを証明し、なおかつ悪徳業者が簡単には真似ができない行為を「シグナリング」という。**

LESSON 18

フェアトレードはどこまでフェアか？

開発途上国の製品を高めの価格で買う「フェアトレード」だが、競争を歪めてしまったら逆効果だ。

途上国のためになるのか？

売り手はなるべく高く売ろうとして、買い手はなるべく安く買おうとする。それが結果的に効率性をもたらすというのが経済原則だ。

近年、「フェアトレード（公正な取引）」を主張する人がいる。先進国は開発途上国の農産物や工業製品を「不当に」安く買い叩いている。もっと高く「適正な」価格で買ってあげるべきだ。もともと途上国の商品はとても安いから、いまより多少高く買ってあげても先進国側の負担増はごくわずかだ。それによって開発途上国が経済発展するならいいことではないか、という主張である。

自由競争で形成された価格よりも高い価格であえて買おうというのだから、経済原則には反している。けれども途上国の発展のためならコーヒー一杯が十円くらい高くなってもいいかと思う人は多いだろう。実は先進国のコーヒー店の一杯のコーヒーの価格に占めるコーヒー豆原産国からの買い付けコストはごくわずかなので、相当高く買ってあげても十円にはならないのだが、それは別の話だ。

不公平が生まれることも

開発途上国のためを思うのはとてもいいことだが、**市場価格よりも高く買おうとすると資源配分が歪められるおそれがある。**コーヒー豆のフェアトレードを思い立った先進国の業者がどうやってそれを実行するかというと、たとえばどこかのコーヒー農園と市場価格よりも高く買う契約をすることになる。

その農園は大喜びだが、それでせっせと他の農園よりもいいコーヒー豆を作ってくれるかというと、そうとは限らない。契約した以上は品質の悪い豆でも買ってくれるので、むしろ手抜きの誘惑にかられてしまう。

一方で、フェアトレードの契約をしてもらえなかったコーヒー農園は、どんなに頑張

フェアトレードが競争を妨害してしまうケース

いい品質のコーヒー豆より悪い品質のコーヒー豆のほうが高い価格で買われることになる。

って品質のいいコーヒー豆を生産しても高くは買ってもらえない。だとすると、これは不公平ではないだろうか。

確かにコーヒー豆は産地ではびっくりするほど安く取引されているが、それはなぜかというと、コーヒー豆は典型的な開発途上国の農産品だからだ。

先進国で国内にコーヒー農園がある国はまずないので、先進国が国内業者の保護のために高い関税をかけたりして輸入を規制する心配がない。またコーヒー豆は適当な気候さえあれば栽培するのは割と簡単なので、新規参入が容易だ。

つまり、少しでもコーヒーの価格が高くなるとあちこちで生産が増えて、その結果、すぐに安値に戻ってしまう。

コーヒー栽培はそもそも、どうしてもそんなには儲からない産業なのだ。開発途上国の経済発展を支援するなら、別の方法をとったほうがいいかもしれない。

LESSON 19

給料格差をどう考える？

現実にはいろいろな給料格差があるが、原則は「同一労働には同一賃金」だ。

同一労働には同一賃金

労働者の賃金は労働の対価である。

平たく表現すれば、勤め人は自分の労働を勤め先（企業など）に売って、その代金として給料を受け取っているわけだ。自由業や自営業でも、自分の労働を売っていることに変わりはない。

だからここにも、基本的には需要と供給の関係が当てはまる。**同じ商品なら価格は同じ、というのが経済の原則だ。したがって、同一労働に対しては同一賃金が支払われなければならない。**

ところが、同じ会社で同じ仕事を同じだけこなしているのに給料に差がある場合がある。日本企業では一般に男性よりも女性の給料が低い傾向がある。これは明らかに男女間賃金差別で、アメリカなら訴訟を起こされて高額の懲罰的賠償金を支払わされるところだ。

近年増えているのが、正規社員と非正規社員との給料格差だ。

今は雇用が多様化していて、同じ職場に正規社員だけでなく契約社員、派遣社員、パートタイマーなど雇用形態が違う非正規社員がいることが珍しくなく、給料もそれぞれ異なっている。

仕事の違いに応じて給料が違うならともかく、ほとんど同じ仕事をしているのに給料に格差があるなら問題だ。もっとも企業が非正規社員を雇うのにはそれなりの事情もある。たとえば仕事の量が季節によって変動する場合は、仕事が多い季節だけ大勢雇いたい。しかし正社員として雇ってしまうと仕事の少ない季節でも給料を払い続けなければならないから、期間を限定しやすい非正規社員に頼るのも仕方がない面がある。

しかし、賃金に関しては平等の観点から同一労働であるかぎりは同一賃金が望ましい。パートにも正社員並みの仕事をさせておきながら正社員より低い給料しか払わないとしたらそれは差別に当たるだろう。

役職や正規・非正規の違いにより給料に差がある

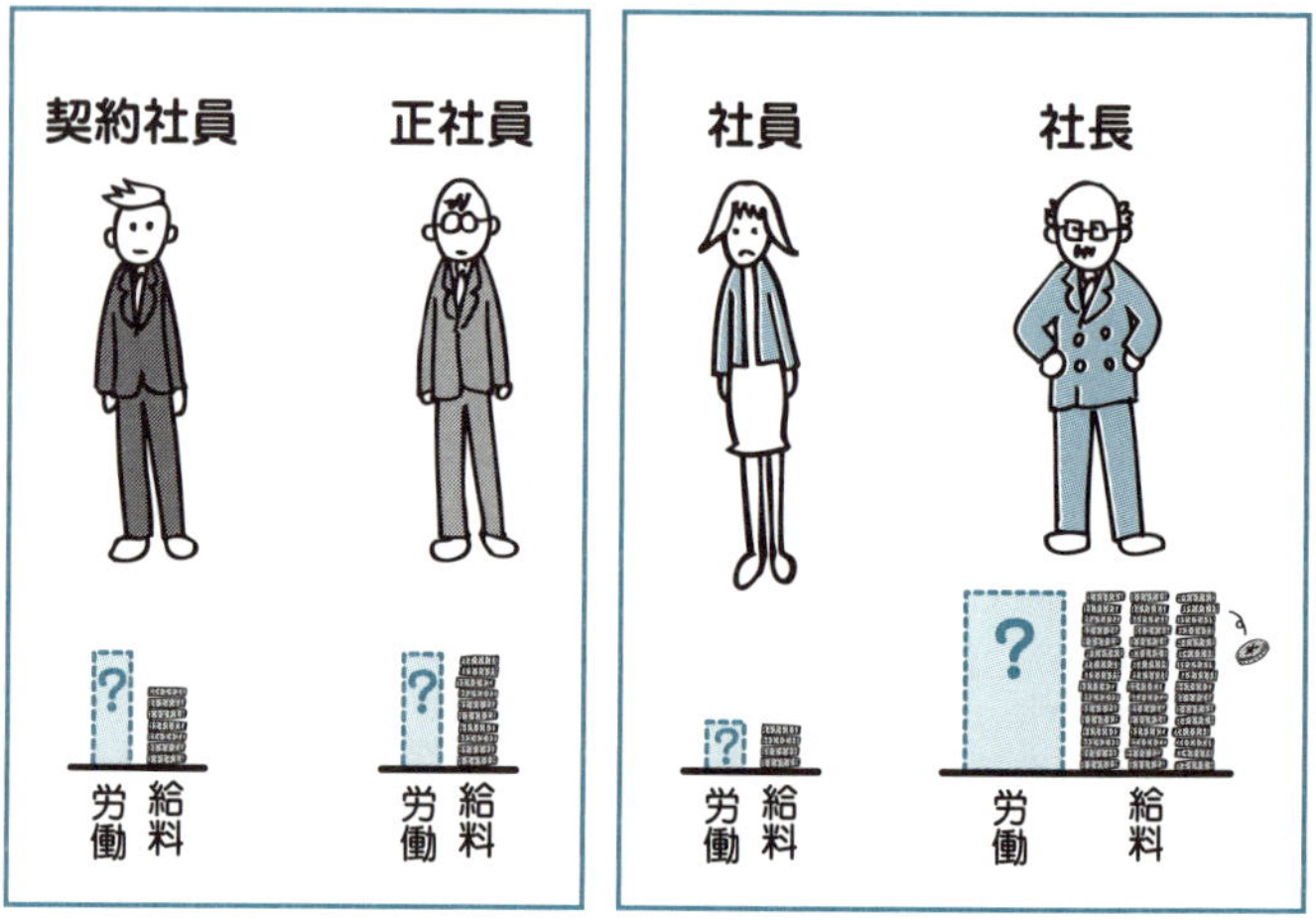

同一労働には同一賃金が望ましい。

社長と社員の給料格差

普通の企業の給料体系では役職が高いほど給料も高くなっている。

当然といえば当然なのだが、社長と一般社員の給料の格差はどのくらいだろうか。東洋経済ＯＮＬＩＮＥの二〇一七年一一月二四日の記事によると、日本の上場企業の二〇一七年度の従業員の平均年収は六〇二万円、役員（取締役と執行役員）報酬の平均は二六四四万円で、格差は四・九倍である。二〇一一年度は三・九倍だったので、この六年で〇・五倍も拡大していることになる。従業員の賃金よりも役員報酬の伸びが大きかったことが原因だ。

アメリカ企業の格差ははるかに深刻だ。**アメリカ企業の経営陣と一般従業員の報酬の格差は、五〇年前は約二〇倍だったのが近年は三〇〇倍近くまで広がっているという。**これだけの格差を賃金平等の原則で説明するのは難しい。別の要因が介在していると考えるのだ自然だ。経営者の給料は実質的には経営者自身が決めるようなものなので、お手盛りでどんどん高くなりがちなのだ。

LESSON 20

「定年」は万国共通の制度ではない

定年制度はアメリカだったら
雇用差別になってしまう。

実は当たり前ではない

世の中のみんながあって当然と思っているのに、実はそうではないということはたくさんある。代表的な例が「定年」だろう。

日本のほとんどの企業は定年制を採っていて、ある年齢になると自動的に辞めなければならない。定年は少し前までは五十五歳が一般的だった。「人生五十年」という言葉があったくらいだから、定年後の人生はそう長くなく、文字通りの「終身雇用」に近いものだった。

ところが日本は平均寿命が延びる一方で、子どもが減り、少子高齢化社会になった。そのしわ寄せから、定年後の生活を支えるはずの年金財政が逼迫してきたのである。

厚生年金の場合、支給開始年齢は当初は五五歳だったが徐々に引き上げられ、現在は六五歳になっている。年金が受け取れるまでは働かないと生活が苦しいので、会社の定年も延長されてきた。しかし、年金財政はこれでずっと安泰ではない。今後さらに支給開始を遅らせることが必要になる可能性は少なくない。

ではどうすればいいのかという話になるが、そもそも**定年という制度は、万国共通ではない。**たとえばアメリカでは、日本流の定年制度は「年齢による雇用差別」であるとして訴えられる恐れが大だ。アメリカという国は雇用についても差別に敏感で、性別や人種による差別はもちろんのこと、年齢が高いというだけで強制的に辞めさせることも差別に当たるという認識が一般的となっている（ただし、ヨーロッパでは年金支給開始年齢に合わせて定年制を敷いている国が多い）。

本人が決めればいいこと

考えてみれば、年齢が高いからといって仕事の能力が低いとは限らない。年をとっても元気で、仕事をする意欲も能力もある人が意に反して辞めさせられるのは、差別的な

個人の意志によるシステムが理想的

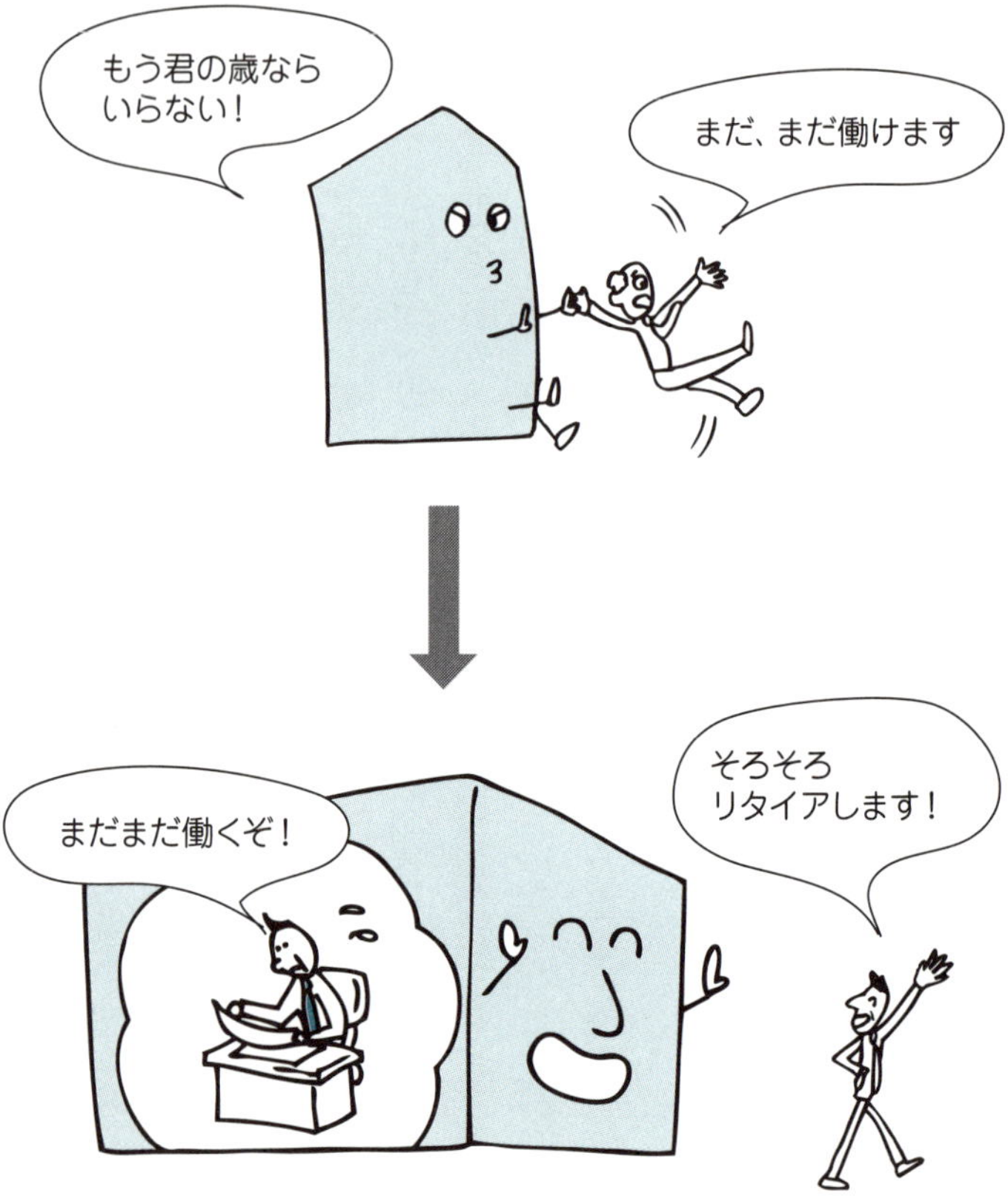

同じ年齢でも引退したい人は引退するし、
まだ働き続けたい人は働く。
そのようなシステムが望ましい。

制度であると批判されてもしかたがない。

何歳で仕事から引退するかは、本人が決めればいいことだ。仕事が好きで、「生涯現役」を貫きたい人もいるだろうし、早めに引退して悠々自適の日々を楽しみたい人もいるだろう。その人の健康状態によっても違ってくる。

アメリカ人には、「自分は何歳でリタイア（引退）しよう」と人生を計画し、リタイアの日を楽しみにしている人が多いようだ。周囲も「ハッピー・リタイアメント（引退おめでとう）」と祝福する。しかし、一律の定年制では、そんな個人的な希望や事情はいっさいお構いなしだ。

どちらかといえば、個人の人生設計に応じてリタイアの時期を決められるシステムのほうが望ましいといえるだろう。

LESSON 21

救急車は無料でいいのか？

急を要しないのに使う人がいるために、本当に必要な人に応じられないおそれがある。

無料であることの問題点

救急車は日本では行政が無料で提供してくれるので、公共財（Ｌｅｓｓｏｎ35参照）だと思うかもしれない。しかし、誰かが救急車を利用している間は他の人は利用できないし、その気になれば救急車の利用に対して料金を徴収できるので、厳密な意味では公共財には当たらない。

もちろん行政サービスとして無料で提供することが必要だという考えも根強いが、この**無料制度は救急救命サービスの観点からも財政の観点からも問題視されている。**特に困るのは、緊急でもないのに救急車を呼びつける人がいることだ。日本では救急車は一回の出動について少なくとも数万円の費用がかかっていると計算されている。タクシー代わり（タクシーは有料なのでむしろ救急車のほうがお得だ）に使われてはたまったものではない。そんなことで出動していて、本当に重傷の怪我人や急病人からの要請に応えられなくなる恐れが生じている。

この悩みは世界共通で、救急車の有料化に踏み切ったところもある。「本当に重傷の人は無料、軽症の人は有料」とできればいいのだが、その線引きは案外と難しい。東京都などは救急車を呼ぶべきかどうかの相談や代わりの移動手段の紹介のための電話窓口を設けている。

子供の医療費無料化が招くこと

普通の商品やサービスは、価格が安くなるほど需要が増える。無料ともなればなおさらで、需要が爆発的に増えることもある。政策的に何かを無料にするときには、そこを考慮しなくてはならない。

たとえば、自治体によっては子供の医療費を無料にしているところがある。子を持つ親にとってはとてもありがたい制度だ。ただし、それによって小児科を訪れる患者が増えることは覚悟しなくてはならない。

無料だったり有料でも安すぎたりすると救急車不足になる

無料だと…

有料でも安すぎると…

重症の患者は有料だろうが無料だろうが病院にやってくるので、増える患者の大部分は軽症患者だと予想される。小児科医が足りていれば何とかなるが、いまはどこでも小児科医が不足している。

ただでさえ忙しいのに、有料なら来ないような軽症患者が待合室に溢れると、重症患者が割を食ってしまうし、軽症患者を診てもあまり収入は増えない。結果的に小児科医がますます過労に陥って、若い医学生が小児科医になるのを敬遠するようになり、小児科医不足がさらに進んでしまう可能性もある。

さて、もし救急車を一回当たりの有料制にするなら、料金はいくらが適当だろうか。一回当たり数万円といわれるコストを丸ごと請求するのはいかにも厳しすぎる。かといってあまりに安い料金にすると、かえって逆効果になる可能性がある。

現在でも、気軽に救急車を呼ぶのはごく一部の人であって、ほとんどの人はモラルを守っている。これは素晴らしいことだ。

ところが有料化されると、これまで遠慮していた人たちが堂々と救急車を呼ぶようになって、かえって混雑しないとも限らない。料金設定には慎重な見極めが必要だ。

LESSON 22

教育の「機会不平等」

偏差値の高い大学の合格者の親は経済的に豊かであることが多い。

「機会の平等」のためには公平な入試が必要

人が一生懸命勉強したり仕事をしたりするのは、そうやって成果をあげれば報われると思うからだ。**能力があるのに勉強や仕事の機会が与えられないような社会になってしまうと、人々がやる気をなくすので、経済は発展しない。**

ある人はずっと前から、ある人はずっと後ろからスタートするのでは、公正な競争にはならない。みな同じスタートラインから競争をするしくみのことを「機会の平等」という。

さて、当然のことだが、教育を受ける機会は誰にも平等に与えられなくてはならない。

しかし現実には、たとえば大学には入学定員があるから、人気の高い大学に入りたいという人をすべて入学させることはできない。そこで大事なのは、なるべく公平に入学者を選抜することだ。

ところがここで問題がある。偏差値が高く人気が高い大学に合格する受験生の家庭環境を調べてみると、親が経済的に豊かであることが多いのだ。たとえば、東京大学の学生の親の平均所得は、国立大学の中で最高であるだけでなく、ほとんどの私立大学をも上回っている。一般に国公立大の方が私立大よりも学費が安いので、金持ちの子が安い学費で大学教育を受けられるということになる。

解消は容易ではない

どうしてこういうことになるかというと、ひとつには、親が金持ちで、子供を私立の受験校に通わせ、家庭教師をつけ、塾や予備校に通わせられることが大学入試に有利に働いているためだ。貧乏人はそんなには教育にお金をつぎ込めないから、これは機会の不平等ではないだろうか。

ただし、それを解消するのは容易ではない。仮に、塾や予備校や家庭教師を法律で禁塾や家庭教師を法律で禁止しても…

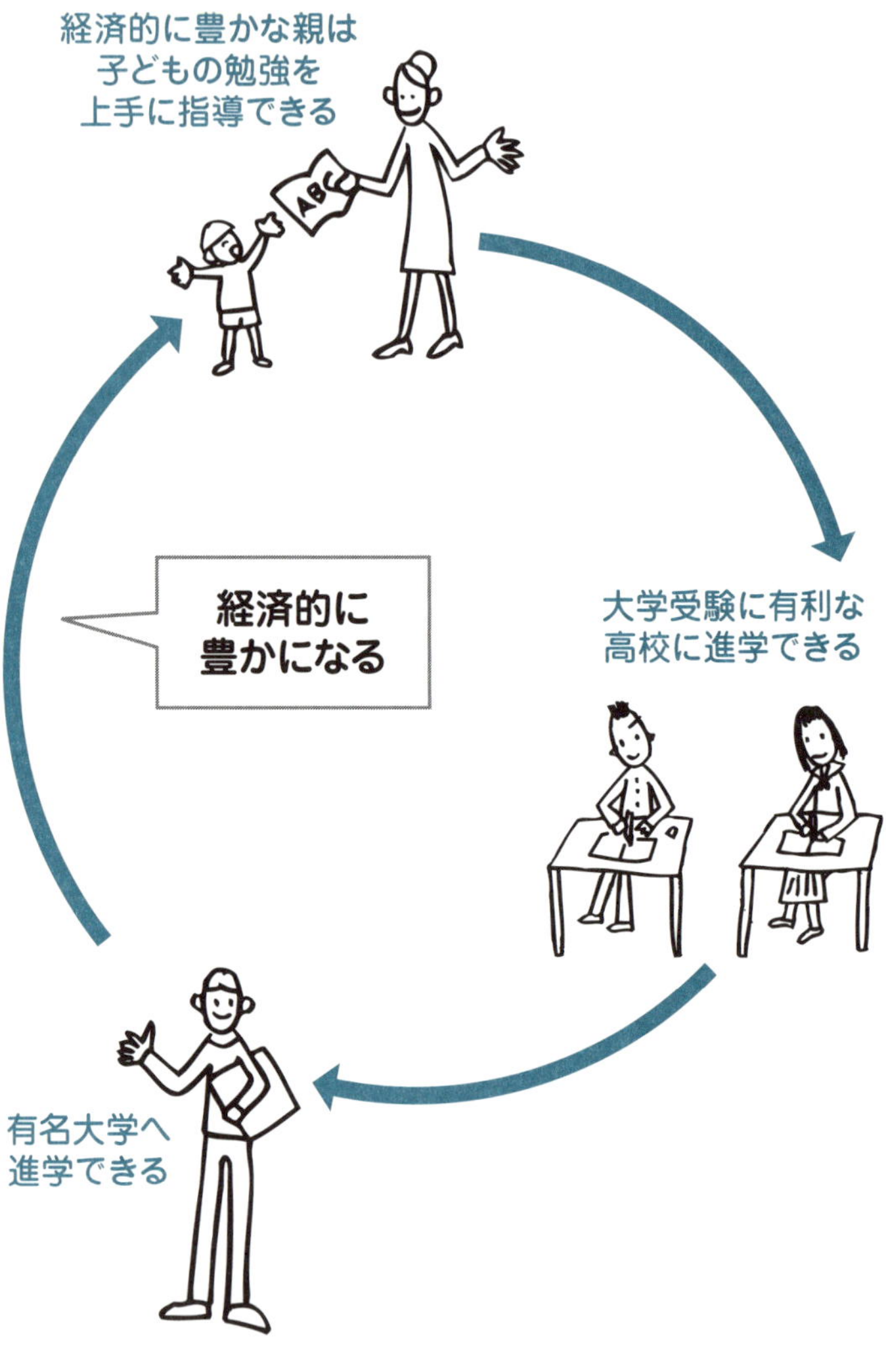

止したとしよう（実際にはそんな政策は実行不可能だけれども、頭の体操として）。

しかし、家庭で親が息子や娘の勉強を見てやるのは禁止できない。

一般的に、経済的に豊かな親は比較的高等教育を受けていることが多く、子供の勉強を比較的上手に指導できるだろう。

塾や家庭教師が禁止されて困るのは、「自分は学がなくてうまく子供に教えてやることはできないが、少ない収入をやりくりしてお金を払って塾や家庭教師に指導してもらいたい」という親かもしれない。つまり、結果的に逆効果になりかねないのだ。

アメリカでは、アファーマティブ・アクション（積極的優遇政策）といって、マイノリティ（アフリカ系やアジア系の人たち）の子弟が一定の範囲内で大学に優先的に入学できるしくみをとっているところが多い。これもひとつの考え方だが、ヨーロッパ系のアメリカ人でも貧乏な家庭はあるので、逆差別ではないかという批判が絶えない。

国家百年の大計のため、教育の機会はできるだけ平等に開かれていなくてはならない。しかしその実現はなかなか困難だ。

LESSON 23

金利はなぜあるのか？

嫌われても金利がなくならないのは、それがないと経済が回らないからだ。

お金の「レンタル料」

古来より、金貸しという職業は嫌われがちだ。なぜかというと、貸した金について金利（利息）をとることが理不尽に感じられるかららしい。

「不労所得」という言葉がある。額に汗して働いて得たお金は尊いが、自分のお金を貸すだけで働きもせずにお金（金利）を取るのは倫理的によろしくない、というわけだ。

もし金利をとるのがいけないことだったら世の中から無くしてしまえばいいのに、なぜなくならないのだろうか。

答えは簡単で、それがないと経済が回らないからだ。

金利の存在理由の説明のしかたはいろいろあるが、お金のレンタル料だと考えれば分かりやすいだろう。レンタル店でDVDを借りたらレンタル料を支払うし、レンタカーを借りたときもそうだ。お金を借りたときも同じようにレンタル料を払うのは当たり前だろう。個人的なちょっとした貸し借りは別として、自分にまったく利益がないのにお金を貸す人はいないし、一方で金利を払ってでも借りたいという人はたくさんいる。

金利無しのお金の貸し借りには供給はほとんどないが、金利つきのお金の貸し借りには需要も供給もあるので利息はなくならないのだ。

金利の高低も需要と供給で決まる

どれだけの金利になるかは、貸し手と借り手の需要と供給の関係で決まる。

信用のある個人や企業は、きちんと返済してもらえる可能性が高いので、「金利は低くてもいいから借りてください」という貸し手がたくさん出てくる。よって信用があれば、低い金利でお金を借りることができる。

逆にあまり信用のない個人や企業には誰も貸したがらないので、「高い金利を払いますからどうか貸してください」と頼んで回ることになり、どうしても金利は高くなってしまう。

金利の高低も需要と供給で決まる

信用のある個人や企業は、「金利は低くてもいいから借りてください」という貸し手がたくさん出てくるので低い金利で借りられる。信用のない個人や企業には貸し手は貸したがらないので、高い金利になる。

今の日本では法律で金利に上限が設けられている。つまり、あまりに高い金利は違法ということだ。

経済原則からいえば、どんなに高い金利であろうが、借り手と貸し手の合意の上で需要と供給の関係で決まったのなら文句のないところだ。しかし、常識的に返せないに決まっているほど高い金利の契約を結ぶときは、借り手が正常な判断ができなくなっている可能性がある。お金の工面に切羽詰まっている人は、その場を切り抜けることしか頭にないから、異常な高金利でも「返せる」と錯覚してしまうのだ。だから金利に上限を定めることには合理的な意味がある。

ただし、法定以上の高い金利でもいちおう需要があることはある（それが借り手の錯覚であったとしても）。しかしそんな借り手には、合法的な貸金業者は貸すことはできない。その隙を突くのが違法な貸金業者だ。**違法業者をきちんと取り締まることができないと、借金をめぐる悲劇がなくなることはないだろう。**

LESSON 24

「金融」とはお金を回すこと

余ったところから足りないところへお金を回すのが金融。その中心機関は銀行だ。

余ったお金を集めて貸し付ける

金融とは、読んで字のごとく、お金の足りないところにお金を融通することだ。一国の経済主体には、家計、企業、政府の三つがあり、その間でお金が回って、経済が成り立っている。

ただし、お金はいつも必要なところに必要なだけ行き渡っているとは限らない。むしろ、**こちらではお金が余ったり、あちらではお金が足りなかったりするのが普通だ。両者の仲立ちをして余ったところから足りないところにお金を回す行為を金融という。**

金融を担う組織が金融機関だ。金融機関には証券会社や保険会社も含まれるが、中心になるのは銀行だ。銀行はお金の余った家計や企業から幅広く預金を集めて、それをお金の足りない家計や企業に貸し付けることができる。

家計も企業も、借金をしないで必要なお金をすべて手持ち資金でまかなうのはとてもたいへんだ。たとえば家を建てるにしても、何十年も働いてお金を貯めた後でないと建てられないとなると、家を建てる人はあまりいなくなってしまうだろう。

同じように、企業が生産拡大のために工場を建てようとしても、借金ができないと何年も待たなくてはならない。それではせっかくのビジネスチャンスを逃してしまう。

金融で通貨が増える

Aさんが X銀行に一〇〇万円を預金したとする。

銀行はそのうち九〇万円をBさんに貸し付けて、Bさんはそれで自動車を買ったとしよう。九〇万円はBさんに自動車を売ったディーラーに支払われる。ディーラーは取引しているY銀行にその九〇万円を預金する。

この時点で、最初のAさんの一〇〇万円の預金がもとになって合計一九〇万円が銀行(X銀行とY銀行)に預金されていることになる。さらにY銀行はその九〇万円を元手

3つの経済主体の間でお金が回る

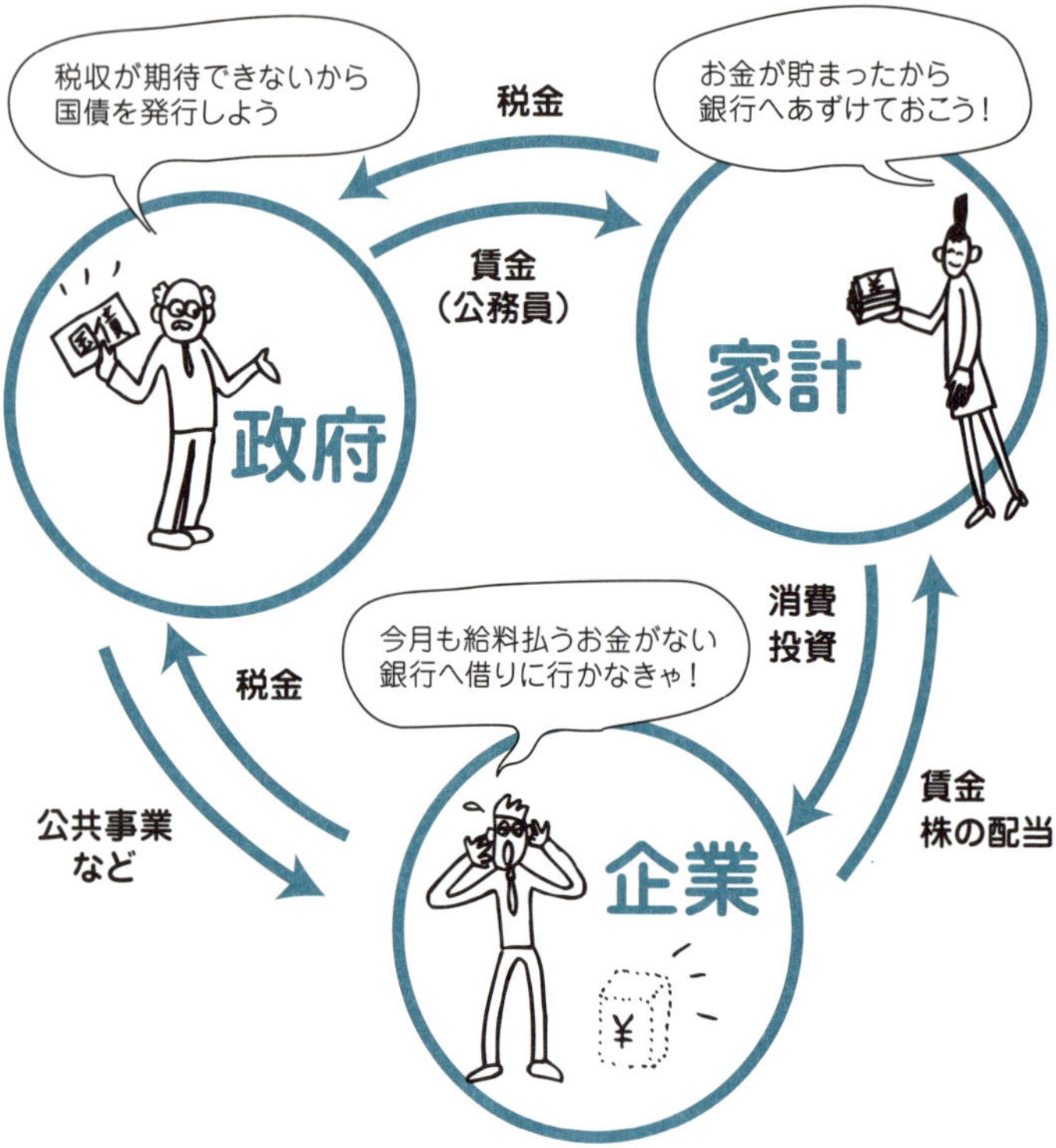

にしてどこかに貸し付けることができるから、預金の合計はさらに増えていく可能性がある。

このように、**銀行の金融によって、市場で流通する通貨が増えることを「信用創造」という。信用創造が活発におこなわれているときは、景気がいいといえる。**

銀行がどこかにお金を貸すときは、きちんと返してもらえるかどうかを慎重に審査する。そして普通は、たとえば五〇〇〇万円の土地を担保にして銀行からお金を借りようとしても、五〇〇〇万円よりずっと少ない金額しか借りられない。土地は値下がりすることもあるからだ。

ところがバブル経済の時は、土地の値段がうなぎ登りだったので、銀行もつい調子に乗って、将来の値上がりを見越して五〇〇〇万円の土地に六〇〇〇万円を貸すようなことをしていた。だからバブルがはじけた後、貸したお金を返してもらえなくなって銀行は不良債権の山を抱えてしまった。大銀行が一時国有化されたり合併に追い込まれたりしたのはそのためだ。

銀行の経営が苦しくなると、あまりお金を貸せなくなるので、経済全体も落ち込んでしまう。銀行には堅実経営をしてもらわなくてはならない。

LESSON 25

デフレが長く続く日本の危険

デフレになると企業は経営が苦しくなって人減らしを始め、失業者が増えてしまう。

デフレは静かに経済をむしばむ

物価が全般的に上昇している状態をインフレーション（インフレ）、下降している状態をデフレーション（デフレ）という。 年配の日本人は、敗戦直後や石油危機のときのインフレを覚えているだろう。一九八〇年代後半のバブル経済のときは土地や株価などは激しく値上がりしたが、普通のモノの値段はあまり変化がなかった。そしてバブルが去った一九九〇年代半ばあたりからずっと、日本はデフレ傾向にある。

インフレとデフレのどちらが経済にとって好ましいだろうか。インフレを経験した人は「二度とごめんだ」と感じている人が多い。たしかに、モノの値段がみるみるうちに上がっていくと、貯めたお金の価値がどんどん目減りしていくので、将来への不安に駆られてしまうだろう。それにくらべてデフレは「物価が下がるのだから結構なことではないか」と思う人が少なくないようだ。しかし、「インフレは陽気な悪魔、デフレは陰気な悪魔」と言われるように、デフレは派手ではないが静かに経済をむしばんでいく。

景気の悪循環

労働者の賃金はデフレになってもしばらくは下がらないのが普通だ。

なぜなら、賃金が下がることには労働者が抵抗するので、経営者がなかなかそれを押し切れないからだ。物価が下がるのに賃金が下がらないということは、実質的に賃金は上昇していることになるので、最初のうちは労働者は嬉しい思いをするかもしれない。

しかし、たいていの企業は銀行からお金を借りて事業をしているが、その金利はデフレだからといって簡単に切り下げてはもらえない。企業が持っている土地の価値もデフレで目減りしていく。

企業は、自社製品の価格が下がっていくのに、賃金も借金の金利も下げられず、経営が苦しくなる。そこで企業は、あの手この手で人を減らす。社員をやめさせる、いわゆ

デフレが引き起こす悪循環

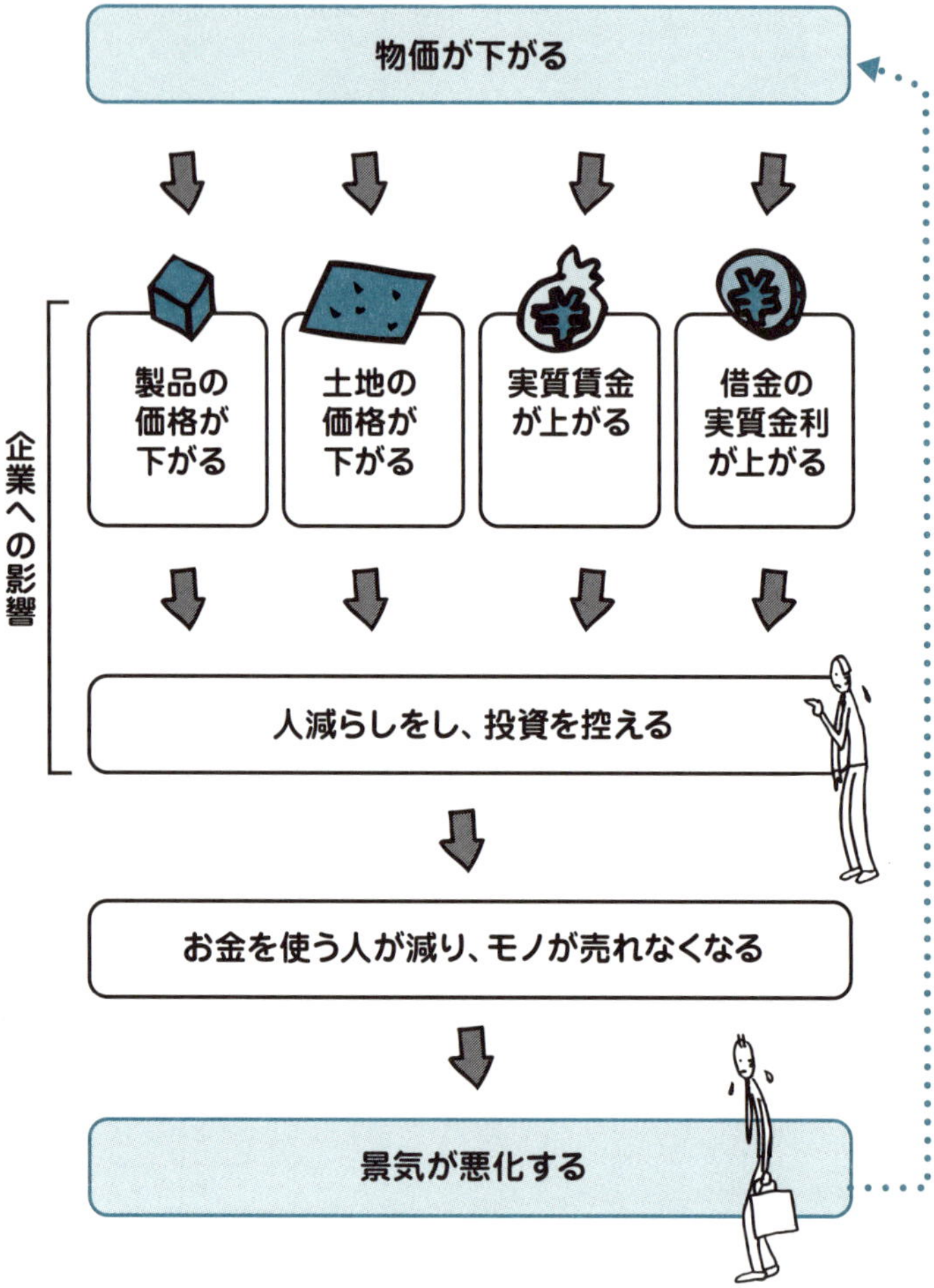

る「リストラ」に走ったり、新入社員の採用を抑制したりなどする。その結果、失業者が増えるのだ。

金利を考えるときには、名目金利ではなく実質金利で考えるほうがいい。

名目金利とは表示されている金利そのままだ。銀行の店舗に預金金利が年率三パーセントと書かれていたら、あるいは借金の証文に金利が五パーセントと書かれていたらそれが名目金利だ。実質金利は名目金利からインフレ率（物価上昇率）を引いたものだ。

預金金利が三パーセントでもインフレ率が二パーセントなら差し引き一パーセントが実質金利だ。

名目金利が低くても、デフレで物価が下がると実質金利は高くなる。だから銀行から借金している企業はできるだけ借金を返そうとする。その結果、工場を建てたり新製品を開発したりという、景気を上向かせることにお金が回らなくなる。

失業者が増え、投資が行われないのでは、お金を使う人がいなくなって、景気はますます悪くなる。だから、デフレという陰気な悪魔は何とかして退治しなくてはならないのである。

LESSON 26

最低賃金が上がると失業が増える

最低賃金は高いほうがいい、というのは素朴すぎる。

最低賃金が上がると失業者が増える理由

日本では法律に基づき、おおむね都道府県ごとに「最低賃金」が決められていて、人を雇う場合は最低賃金以上の賃金を支払わなければ違反となる。

平成二九年度の最低賃金は、最も高い東京が時給九五八円だ。安いのは東北や九州などのいくつかの県で、時給七四〇円弱。全国の加重平均は八四八円である。

素朴な感覚として、最低賃金が高ければ高いほど労働者にとって得であると感じられるかもしれない。賃金が低いのはケチな経営者が出し惜しみしているからで、最低賃金を引き上げれば労働者の収入が増えて景気も上向くように思われる。しかし残念ながら、そう単純にはいかない。

一般に、簡単で誰もができる仕事の賃金は低くなる。経営者がケチなせいもあるかもしれないけれども、その仕事への需要と供給の関係でしかたないのだ。

ある会社に「時給八〇〇円なら払えるが、時給九〇〇円では赤字になる」という仕事があったとする。最低賃金が八〇〇円なら経営者は新人を募集して雇おうとするが、最低賃金が九〇〇円になったら募集しないだろう。最低賃金が高くなるほど「この仕事にそこまでは払えない」という仕事が増える。そのために社会全体としては失業者が増えてしまう結果となる。

もちろん、生活を維持するために最低限必要な収入のレベルはある。それは最低賃金の引き上げでは必ずしも達成できない。生活保護など別の手立てが必要なのだ。

解雇しにくいと雇用が減る

似たような問題だが、労働者を保護するために、法律で労働者の解雇要件を厳しくし

最低賃金が上がると解雇される人がいる

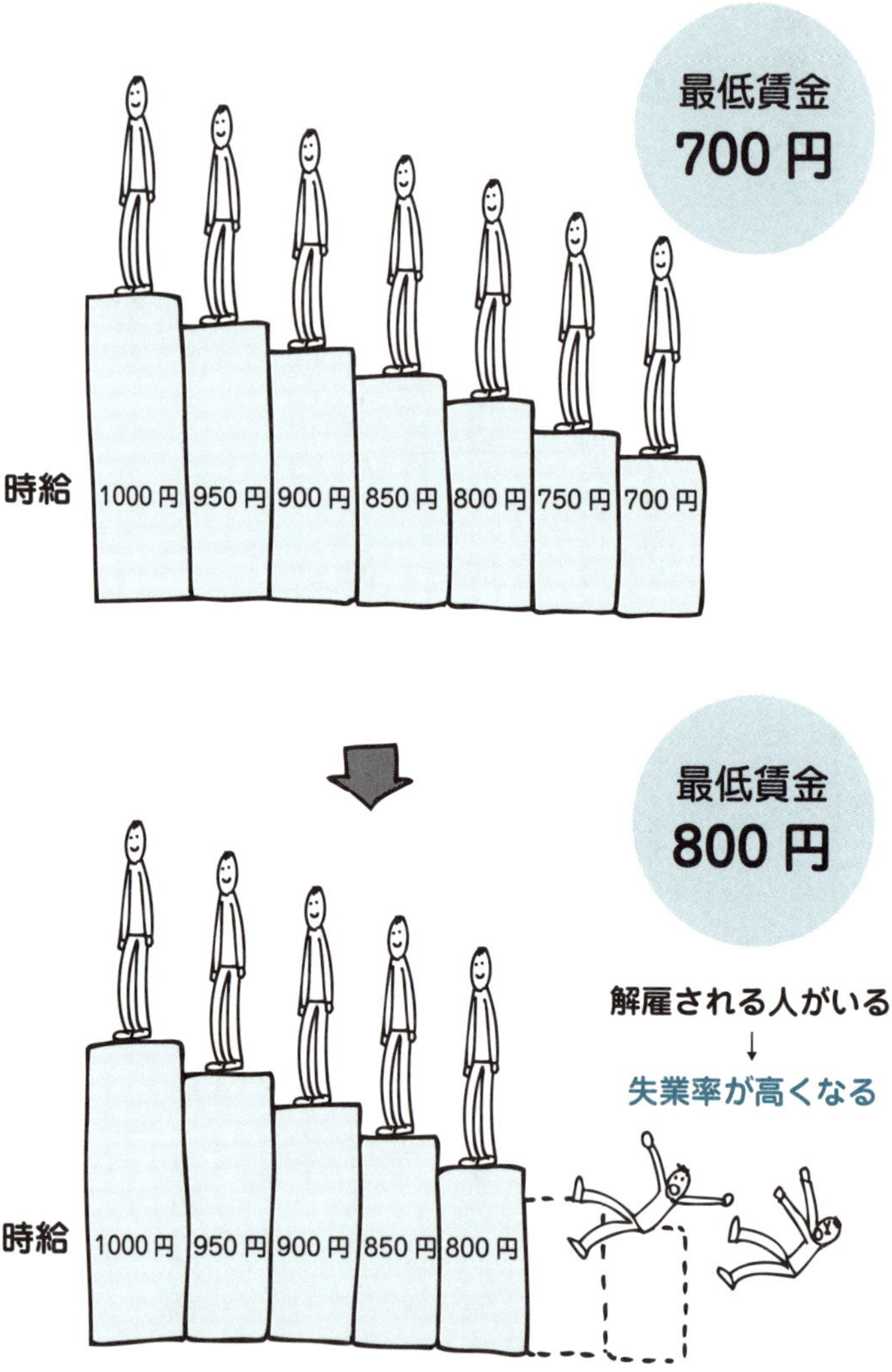

て、よほどのことがない限り労働者を解雇できなくしたとしたら、失業者は減ると思われるかもしれない。しかし、それも間違いである。

企業には業績のいいときもあれば悪いときもある。業績が良くなると人をもっと雇ってもっと稼ごうということになる。しかし、そのあとで業績が悪化したときに困ってしまう。仕事はないのに従業員には給料を支払い続けなくてはならないからだ。**だから労働者の解雇要件が厳しいと、たとえ業績が良くて労働者を増やす余裕があるときでも経営者は新規に従業員を雇おうとしない。**いますでに働いている労働者はハッピーだが、景気がよくて経済が発展しようというときに新規の雇用がないと景気拡大にブレーキがかかってしまうし、何よりこれから社会に出て働こうという若者の働き口が狭まってしまう。

実際にフランスでは正規の労働者の権利が非常に強いので、経営者はなかなか新規に雇おうとしない。そのしわ寄せをくっているのは若者である。フランスは若者の失業率がたいへん高く、深刻な社会問題になっている。

LESSON 27

資本主義と社会主義

倒産の危機があるから、
企業は努力し創意工夫する。
倒産は必ずしも悪いことではない。

効率が劣る社会主義

二〇世紀は、ある意味で社会主義国家の世紀だった。

最初の社会主義国であるソビエト連邦が成立したのは二〇世紀の初めのことだ。それから数十年かけて徐々に数を増やし、最盛期には世界の人口の何割かが社会主義国に住んでいた。

しかし、社会主義国の多くは、二〇世紀の終わりに相次いで崩壊して資本主義国に転換した。戦争に負けて外から変えさせられたのではなく、内部から崩壊したのだ。

その原因はいくつか考えられるが、資本主義経済に比べて社会主義経済は効率が劣ることが大きく効いていたことは間違いない。

資本主義では基本的に誰もが自由に経済活動ができる。どこかにビジネスチャンスが転がっていないか、たくさんの人が鵜の目鷹の目で探している。**誰かの創意工夫で新しい商品やサービスがどんどん生まれる。それが経済成長につながるのだ。**

ところが社会主義は計画経済で、たとえば国内で何をどれだけ生産するかは中央政府が決めて、それぞれの工場に割り当てる。

だから国営企業では経営者も従業員も自分であれこれ工夫することができない。真剣に働かないだけならまだしも、どうせ国営企業は倒産しないからと放漫経営になることが多い。

資本主義では、常に効率を考えて経営をしないと競争に負けて倒産してしまう。

企業が倒産したら経営者や従業員は失業するし、株主が持っている株は紙くずになる。おまけにその企業に融資をしていた銀行や、売掛金を回収しそびれた取引先は大損してしまうから、大勢が困ったことになる。

しかし倒産は悪いことばかりではない。倒産があることで企業の新陳代謝が進み、経済が活性化するのだ。

企業が倒産しないのは非効率を生む

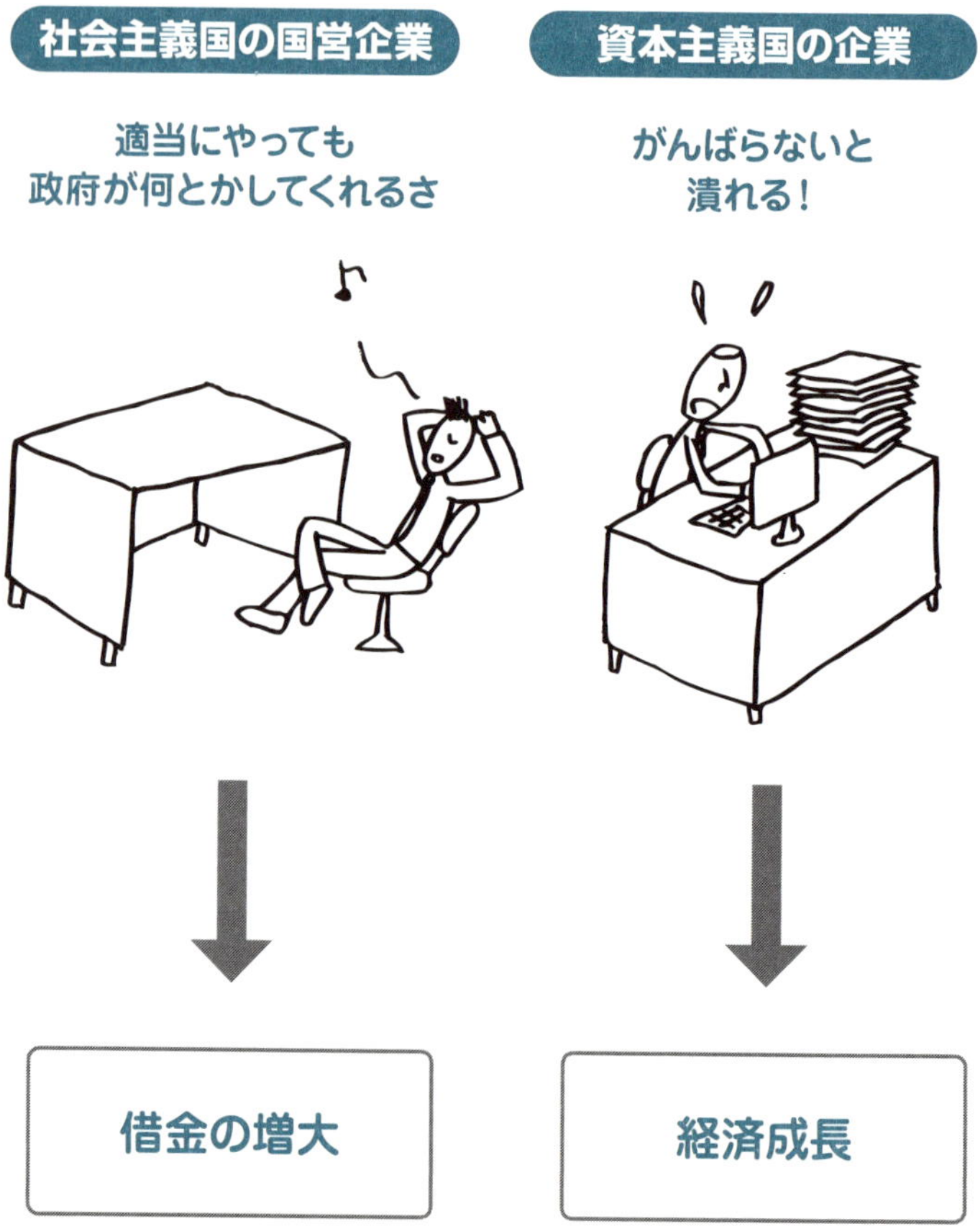

社会主義国の国営企業
適当にやっても
政府が何とかしてくれるさ
借金の増大
資本主義国の企業
がんばらないと
潰れる！
経済成長

倒産は悪ではない

二一世紀に生き残った社会主義国の中国やベトナムは、経済では資本主義的な制度を採り入れることによって改革を図っている。

そこで真っ先に取りかかったことのひとつが、国営企業が倒産できるための法制度を整えることだ。企業の倒産というのは自然現象ではなく法律上の事態なので「こうなったら倒産ですよ」と法律に定めていないと倒産できないのだ。その定めがないと、国営企業はどんなに莫大な借金を背負っても決して倒産することはない。あたかもゾンビのようなものだ。

ビジネスが立ちゆかなくなった企業が倒産すれば、その企業の借金は清算される。いくらか残った資産を権利のある人に分配してしまえば、残りの借金からは解放されるのだ。経営者や従業員も再出発できる。またお金を貸していた側も、返済のあてがない以上は、さっさと損金として会計処理できた方がいい。

ちなみに日本では地方自治体には倒産の定めがないので、負債を抱えた自治体は何十年かかっても返していかなくてはならない。自己責任とはいえ、これからその自治体に生まれてくる子供たちにはまったく責任がないのに、借金を背負わすのは酷というものだ。企業と同じように清算して再出発できる制度をつくるべきではないだろうか。

LESSON 28

競争を確保するのが政府の役割

まったくの自由放任では
独占や寡占が生まれて
消費者が損をすることになる。

競争がないと価格は高くなる

企業は自社の商品が高く売れることを望んでいる。それがうまくいかないのは競争があるからだ。自分だけ高い値札をつけても、他の企業がもっと安く売っていれば自分の商品はさっぱり売れないだろう。

しかし裏を返せば、**その商品に競争相手がいなければ、多少は高くても消費者は買ってくれる（買わざるを得ない）ということでもある。**

その商品を作っている企業が一社しかない状態を「独占」という。独占ならば、かなり自由に価格が設定できるが、それにも限度がある。

たとえば、ある国に鉄道会社がひとつしかなくて、運賃を高く設定したとする。一方でバスやタクシーや航空会社が競争していて運賃が安ければ、乗客はそちらに流れるので、もくろみ通りにはいかないだろう。

独占や寡占は消費者の損

ひとつの市場に一社だけというのが独占だが、一社ではないけれども企業数がごく少ない場合を「寡占」という。企業がたくさんあればせっせと競争してくれるのだが、数が少ないと価格が横並びで高止まりすることがある。企業経営者にしてみれば、しのぎを削るような競争は気が抜けなくてとても疲れるので、楽に儲かるならそうしたいというのが本音だろう。

企業の数が少ないと、各社がなんとなく示し合わせて価格競争を放棄し、横並び価格で売ることがやりやすいのだ。明示的に価格協定を結ぶと「カルテル」といって独占禁止法違反になる。政府機関（日本では公正取引委員会）が目を光らせているし、カルテルは文書などの証拠も残りやすいのでなかなかそこまで踏み込めない。あくまでお互いのあうんの呼吸でやるところがミソである。身のまわりを見渡してみれば、どの企業も同じような価格で売っているモノやサービスは意外に多い。

企業が競争をしないと消費者が損をする

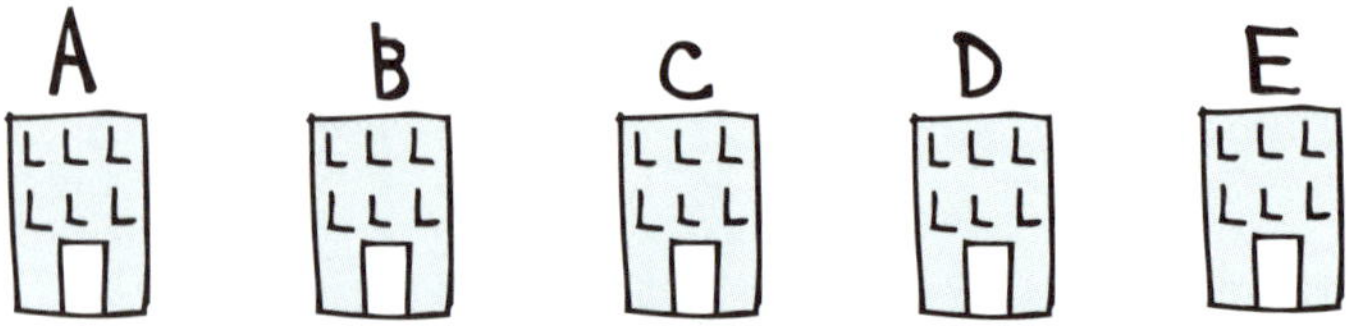

同じ製品を売っているA〜E社

厳しい価格競争はやめて
みんな同じ価格にしよう！
＝

カルテル

**政府は不当な価格操作など
競争を阻害する要因を取り払わなければならない。**

大型家電量販店で、表示価格はそれほど安くないけれど「他店でもっと安い価格のところがあれば同じ価格まで値引きします」と付記されていることがある。競争心が満々で結構に見えるが、これには競争相手に向けた暗黙のメッセージがこめられているかもしれない。「うちからは価格競争は仕掛けない。でもおたくが価格競争を仕掛けてきたらうちも対抗するよ。お互い価格競争はほどほどにしておこうよ」というわけである。

人間の利己心や競争が効率的な資源配分をもたらすという経済学の法則は、まったくの自由放任で簡単に実現するものではない。競争を阻害する要因を取り払うための法制度や政府の介入が不可欠なのだ。

LESSON 29

競争を阻害する政府の規制

競争を阻害する規制はなくすべきだが、
適切な社会的規制は必要だ。

規制と規制緩和

Ｌｅｓｓｏｎ28では、独占や寡占を排除して競争を確保するのが政府の役割だと説明した。しかし、政府は競争を阻害するような規制をかけることが少なくない。むしろそちらの方が多いかもしれない。

規制のひとつに参入規制がある。

たとえばお酒の販売は免許制だが、かつてはこの免許を新たに取得するのはとてもたいへんだった。「距離基準」と「人口基準」といって、既存の酒店からの一定の距離と一定の人口が必要とされていたのだ。

今ではたいていのコンビニでお酒を売っているが、むかしはお酒を売っている店舗と売っていない店舗があった。もともと免許を持っていた酒屋がコンビニに鞍替えするとお酒を売れるけれども、そうでない店舗は売れなかったのだ。

参入規制があると喜ぶのは競争で苦労しなくても売れる既存の業者で、困るのは新規参入を狙うやる気のある業者と、高値と不便を強いられる消費者だ。こういう規制がだんだん緩和されてきたのは（既存業者にはお気の毒だが）、社会的には好ましいことである。

規制をかけることで政治家や役人にうまみが生じることもある。日本では原則としてギャンブルが禁止されているが、競馬や競輪などの公営ギャンブルはかなり大々的におこなわれている。それを仕切っている団体には所轄官庁の官僚が天下りしていることが多い。持ちつ持たれつでうまくやっているようだ。

規制緩和という用語が一般的に使用されるようになって久しいが、そもそもこの用語にも問題がある。緩和という限りは、「緩めるけれどもなくさないよ」という意味になる。英語で普通に使用されるのは「ディレギュレーション」だが、これは規制撤廃、規制解除という意味で、きっぱりとなくしてしまうことだ。

政府の規制にはメリットとデメリットがある

経済的規制

酒販免許
出しません
お隣に酒店があるため、距離基準や人口基準に合わないのでこっちのコンビニでのお酒の販売はダメ！
政府
酒店
一人勝ち
コンビニ

規制緩和
（距離基準や人口基準を廃止）

市場競争が発生

夜遅い時間でもお酒が買えるようになった！
酒店
コンビニA
コンビニB
前より安くなった！
お酒の品揃えが豊富なお店もできた

社会的規制

ピーッ
排気ガスの基準を守らないと公害になるのでダメー!!
政府

お役所が盛んに規制緩和というときは、自分たちの権益は手放さないという意味も込められている感じがしないでもない。

社会的規制は必要

政府による公的規制には経済的規制と社会的規制がある。上で述べた参入規制や価格の統制などは経済的規制だ。社会的規制とは国民の安全や環境保護のための規制で、自動車の排気ガス規制はそのひとつだ。

ドイツの自動車メーカーがディーゼルエンジンの排気ガスを不正なソフトを使ってごまかしていたという事件があったが、企業は儲けのために社会に害をなすことがあるので、社会的規制は（やりすぎてはいけないが）政府の役目としてきちんと遂行してもらいたいものだ。

LESSON 30

電力の自由化でどうなるか？

電力の独占は原発推進も招いた。
自由化のメリットとリスクは？

なぜ原子力発電が推進されたのか？

東京電力福島第一原子力発電所の事故では甚大な被害がもたらされた。周辺地域の旧住民の多くが今でも帰宅できずに困難な生活を送っている。こんなことになってあらためて「国土が狭くて地震や津波がしばしば襲ってくる日本で、なぜこんなにたくさんの原子力発電所が建設されてきたのだろう」と疑問を抱いた人も多いだろう。

電力会社は、「火力や水力などに比べて原発はコストが安い」と繰り返してきたが、「核廃棄物の処理費用を加えればむしろコストは高い」とか、「大事故が起こったら計り知れない損害が出る」という批判は昔からあった。そんな批判を無視してここまでやみくもに原子力発電を推進してきたのはなぜだろう。

世の中の動きを考えるときに経済学的な思考が役立つことは多いが、特に効果的なのは、「これで誰が儲かるのか」を考えることだ。電力会社が強力に原発を推進したのは、それがたいへん儲かったからだ。

日本の電力会社は地域独占が認められていた。競争がないし、電気の代わりはなかなかないから、電力料金はかなり高く設定できる。

日本の電力料金は「総括原価方式」といって、発電や送電にかかったコストに一定の比率で利益を上乗せして、その総額を回収できるだけの料金を設定していいことになっていた。**市場で競争している企業なら、できるだけコストを切り詰めようとするものだが、総括原価方式ではコストをかければかけるほど利益が増えるのだ。**

だから、建設などに莫大なコストがかかる原子力発電は電力会社には好都合だったのだ。市場で競争して正当に儲けたのなら文句を言うべき筋合いのものではないが、独占のおかげで莫大な利益をあげるのはいかがなものだろうか。

原発をつくればつくるほど利益が増える

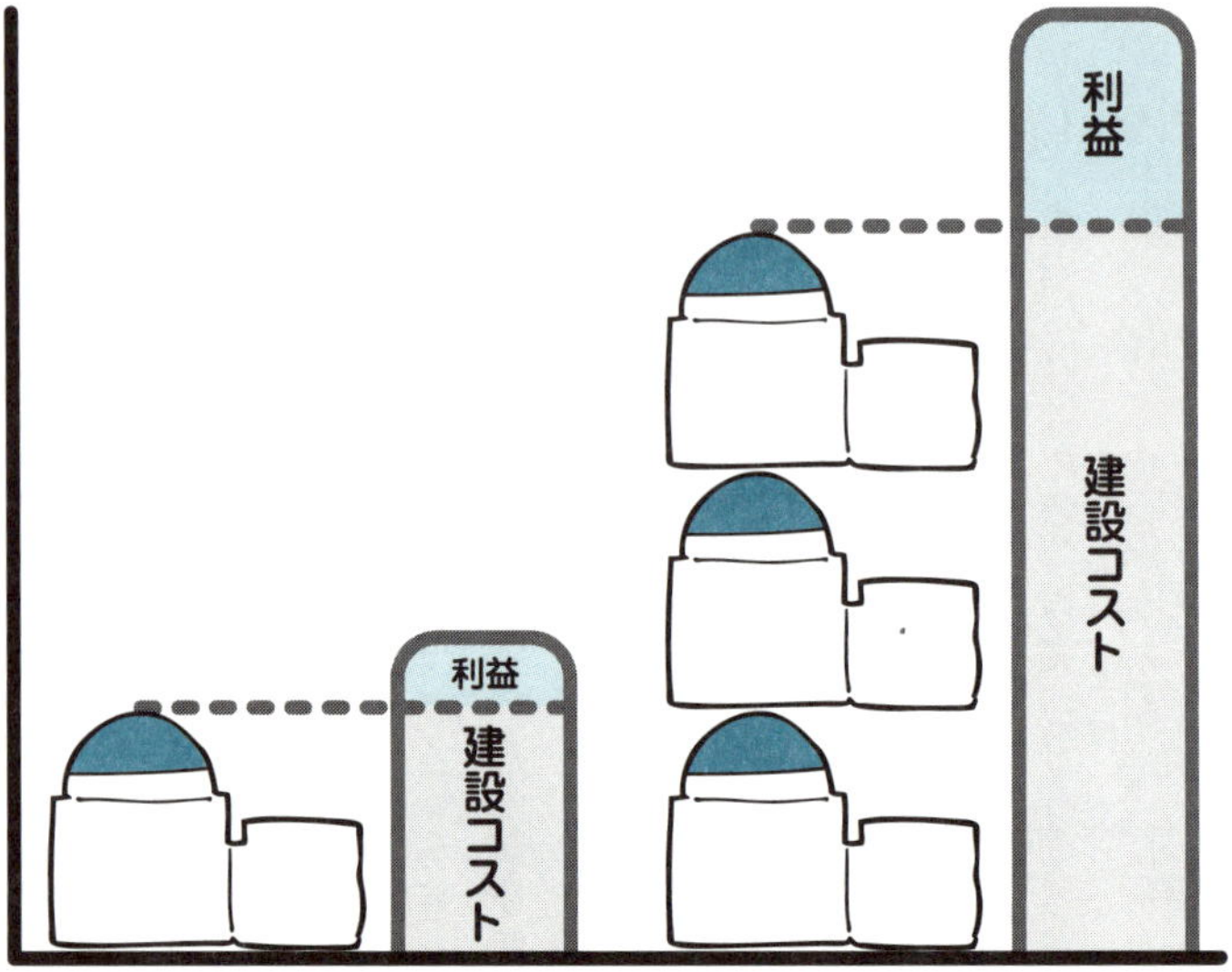

発電や送電にかかったコストに
一定の比率で利益を上乗せ、
その総額を回収できるだけの料金を
設定していいことになっている。

新規参入と料金が自由化される

近年ようやく日本でも電力の自由化が進んできた。**大口需要者への電力小売りは以前から徐々に自由化が進められていたが、ついに二〇一六年四月には電気の小売業への参入が全面自由化された。**家庭や商店を含む全ての消費者が、電力会社や料金メニューを自由に選択できるようになったのだ。

太陽光や風力、水力、地熱などの再生可能エネルギーによる電気だけで暮らしたいという人は、そういう業者が現れればそこから買うことができる。あなたが自宅や庭にソーラーパネルを設置して発電して余った電気をよそに売りたいのなら、それも可能だ(ただし電力小売業者として登録する必要がある)。

小売りにおける総括原価方式も原則的に廃止されたので、これから価格競争により電力料金が下がることも期待される。ただし現状では、新規事業者のシェアが急激に伸びているわけではない。

完全自由化から一年が経過した二〇一七年三月末時点で、新電力に契約先を切替えた世帯は全国で四・七パーセント、比率の高い東京でも七・一パーセントに留まっている。もっと競争が促進されることが望まれるところだ。

LESSON 31

「仮想通貨」とは何か？

便利なシステムだが、リスクを鑑みて十分注意しなくてはいけない。

仮想通貨とは形のないお金

仮想通貨という言葉が経済ニュースを振わすことが増えてきたが、そもそも仮想通貨は普通のお金とどう違うのだろうか。

大きな違いのひとつは、普通のお金（法定通貨）は紙幣や硬貨という形をとっていて、目で見て手で触ることができるけれども、**仮想通貨はコンピュータのデータとして存在しているだけで形を持っていないことだ。**

形のある通貨の場合は、たとえば十円玉があなたの財布に入っていれば、それはあなたのものだと誰もが認めてくれる。しかしコンピュータの中のデータである仮想通貨の場合は、誰のものかがみんなの目にはっきりと分かる工夫が必要だし、コピーしたり偽造されたりしないようにセキュリティを施さなくてはならない。

仮想通貨にはたくさんの種類があるが、最も普及しているビットコインの場合は、ブロックチェーンという高度な暗号技術がその鍵になっている。すべてのビットコインについて、取引の記録が世界中のたくさんのコンピュータに記録されている。だれかが自分のコンピュータのデータをいじって偽造しようとしても、他のコンピュータの記録と合わないのでほとんど無理なのだ。

法定通貨があるのにわざわざ仮想通貨を導入しようとするのは、法定通貨よりも優れた点があるからだ。

あなたが遠くに住んでいる友人に少額の送金をしたいとしよう。現金書留で郵送するにしても、銀行口座に振り込むにしても、手間もかかるし料金もかさむ。海外への送金となるとなおさらだ。

しかし、お互いに同じ仮想通貨の口座を持っていれば、世界のどこへでもコンピュータやスマホで簡単に送金できる。あるいは大勢で食事をして割り勘で支払うとき、現金だと小銭がなくてきれいに精算できないことが多い。これも仮想通貨を使えば細かいやりとりもあっという間だ。最近では、この流れに乗って、仮想通貨での支払いを受け付けてくれる店もでてきた。

仮想通貨には多くのメリットがある

形を持たないので、
送金の手数料が
かからない！
飲み会の割り勘など、
細かいお金のやり取りも
簡単にできるようになる！

しかし、まだまだリスクは大きい

金融

セキュリティの甘さを突かれ流出する可能性がある。
また、相場商品のような状況になっていることから、
普段づかいには現状、適していない。

仮想通貨を買いたい場合は、取引所に口座を作って、そこから買い入れることになる。取引所はたくさんあるが、日本では取引所が金融庁への登録制になっているので、きちんと登録していて信頼度の高そうな取引所を選んだ方が良いだろう。

まだリスクも大きい

最近は日本の仮想通貨の取引が急拡大していて、世界の仮想通貨の取引の半分を日本が占めたこともあるという。これは送金や支払いに使うためではなく、株などと同じように相場で一儲けしようとする人たちがなだれ込んだためだ。取引所を運営する業者も乱立気味で、二〇一八年一月には、ある業者がセキュリティの甘さを突かれて、顧客から預かった五八〇億円分の仮想通貨が不正に流出して大騒ぎになったところだ。

相場商品のようになってしまうと、価格変動が激しすぎて普通の送金や買い物には使いにくい。今後は法律や制度が整って利便性や安定性が高まる可能性もあるが、まだ不透明な状況だ。そもそも銀行などを通じた伝統的な送金が安く便利になれば、仮想通貨の大きな利点が失われてしまう。

今の状況で仮想通貨に手を出すなら、リスクを鑑みて十分に用心することだ。

Column

EU経済の何が問題か

ヨーロッパはかつて、世界経済をリードしていたが、二度にわたる大戦を経て地盤沈下が進んでしまった。協力して経済を立て直すべく、1952年にドイツやフランスなど6か国が欧州石炭鉄鋼共同体（ECSC）をつくった。それから地道に拡大を遂げ、1993年には「ひとつのヨーロッパ」のかけ声の下にEU（欧州連合）が結成された。加盟国内では人の移動や商売上の取引が原則として自由にできる。

加盟国数は現在のところ28か国で、巨大な経済圏となっている。経済統合の象徴として導入されたのが共通通貨のユーロである。自国通貨を廃して法定通貨をユーロに切り替えた国は19か国にのぼる。

しかしEUは決して順風満帆ではない。

ユーロ内ではドイツなどの経済強国とギリシャやポルトガル、アイルランドなどの弱者が混在している。特にギリシャの債務危機はユーロ圏各国の経済に脅威を及ぼした。

ギリシャ政府は公共事業や公務員の給料に気前よく支出する一方で国民の受けを狙って増税を回避してきた。巨額の赤字を隠していたのだから始末が悪い。税収の不足分は国債を発行してまかなってきたが、国債を償還できない（借金を返せない）デフォルト（債務不履行）の危機に何度も陥ってきた。

ユーロ圏以外の国の政府は、基本的に通貨の発行権を持っている。Ｌｅｓｓｏｎ34で説明するように、国債を自国通貨で発行している限りはデフォルトの危険は少ない。しかしギリシャはユーロに参加して通貨の発行権を失ってしまった。自国の都合で通貨の発行量や金利などを動かすことができない。政府の支出を減らして増税するくらいしか打つ手がないのだ。国民にとっては厳しいところである。

経済が順調なユーロ各国にも火の粉は及ぶ。

ギリシャの国債を保有していた海外の金融機関や個人は大損害だ。特にヨーロッパにはギリシャ国債を大量に買っている大銀行がいくつもある。大銀行が経営に行き詰まると、その国の経済も危機に陥りかねないのである。

世の中では、ギリシャばかりが悪くいわれるが、借金は貸し手の責任もある。

ドイツはまじめに経済運営をしているのにギリシャの放漫財政のツケを払わされると

不満たらたらだが、ギリシャにいろいろ売り込んだり貸し込んだりした責任も幾分かは問われざるをえない。

EU内のごたごたは他にもある。2016年6月にイギリスでEUからの離脱の賛否を問う国民投票がおこなわれた。結果は離脱を支持する票がぎりぎり過半数を占めた。いわゆる「ブレグジット」である。投票結果に従ってイギリス政府は2017年3月にEUに正式に離脱を通告した。離脱のためのEUとの交渉期限は2年間となっている。

離脱を支持する投票をした人の理由は、自分たちが払った税金が経済の弱い国に吸い取られていくことや、経済の弱い国から人が押し寄せて社会保障などの支出が膨らんだことへの不満がある。それに対して離脱に反対投票をした人は、難民の人権擁護や移民が働くことによる経済活性化などを重視している。

イギリスに限らず、EUの官僚制への反発も根強い。EUの政策を仕切っている官僚は、首をかしげるような規制を押しつけてくるのだ。

たとえば、2014年9月から、二酸化炭素排出量の削減のためとして消費電力が1600ワット以上のハイパワー掃除機の販売が禁止された。そこで、規制発効前にはハイパワー掃除機の駆け込み購入が相次いだ。

そもそも電力消費はトータルで考えなくてはならない。パワーの落ちる掃除機を長時間動かせば電力消費はかえって増えてしまうかもしれない。ＥＵ域内で売っていい野菜の形やサイズを細かく規制していた時期もあった。ＥＵの理念は崇高だが、現実はなかなか厳しいものがある。

3

政治と経済の関係はどうなっているのか?

政治が経済に対して果たす役割や私たちが政治に求めるべきことなどを考えてみましょう。

LESSON 32

政府は景気を良くすることができるのか？

家計や企業がお金を使わないとき、政府が景気をてこ入れするのが財政政策や金融政策だ。

家計や企業の代わりに政府がお金を使う

家計や企業が活発に経済活動をすれば景気が良くなるし、あまり活発でないと景気は悪くなる。家計や企業が経済活動を活発化するかどうかは、それぞれが将来を楽観しているか悲観しているかによる。

企業は「これからモノがたくさん売れる」と思えば借金してでもお金を調達して人をたくさん雇い、生産を拡大する。家計は「自分の仕事が今後も安泰で収入がどんどん増える」と思えば消費を増やす。そうすれば景気は良くなっていく。

逆に、将来を悲観すると企業はモノを作らないし、借金は返すし、リストラしてコストを減らそうとする。家計はいつ失業するか分からないし収入も増えないと思うので消費を手控える。そうなると景気は悪くなる。

そんなときには政府が財政政策や金融政策で景気のてこ入れを図る。

財政政策とは、お金を使わない家計や企業に代わって政府がお金を使って景気を良くしようとすることだ。政府が国債を発行してお金を調達して公共事業をおこなえば、それに関わった企業や家計が潤う。潤った企業や個人は前よりお金を使うようになるので、他の企業や個人の金回りも良くなる。また公共事業で社会基盤が整備されれば企業や家計が経済活動をおこないやすくなり、やはり景気が刺激される。

金融政策の担い手は各国の中央銀行、日本の場合は日本銀行だ。**日銀が民間銀行から日本の国債を購入すれば、その分だけ民間銀行の手元にお金がだぶついてくるので、貸出金利を低くしてたくさんお金を貸し出そうとする。**

金利が下がると企業は銀行から借り入れを増やして設備投資などをしやすくなるし、個人も銀行でローンを組んで家や自動車を買いやすくなる。そして景気が上向いていく。

政府は財政政策や金融政策で景気のてこ入れを図る

財政政策 お金を使わない家計や企業に代わって政府がお金を使う。

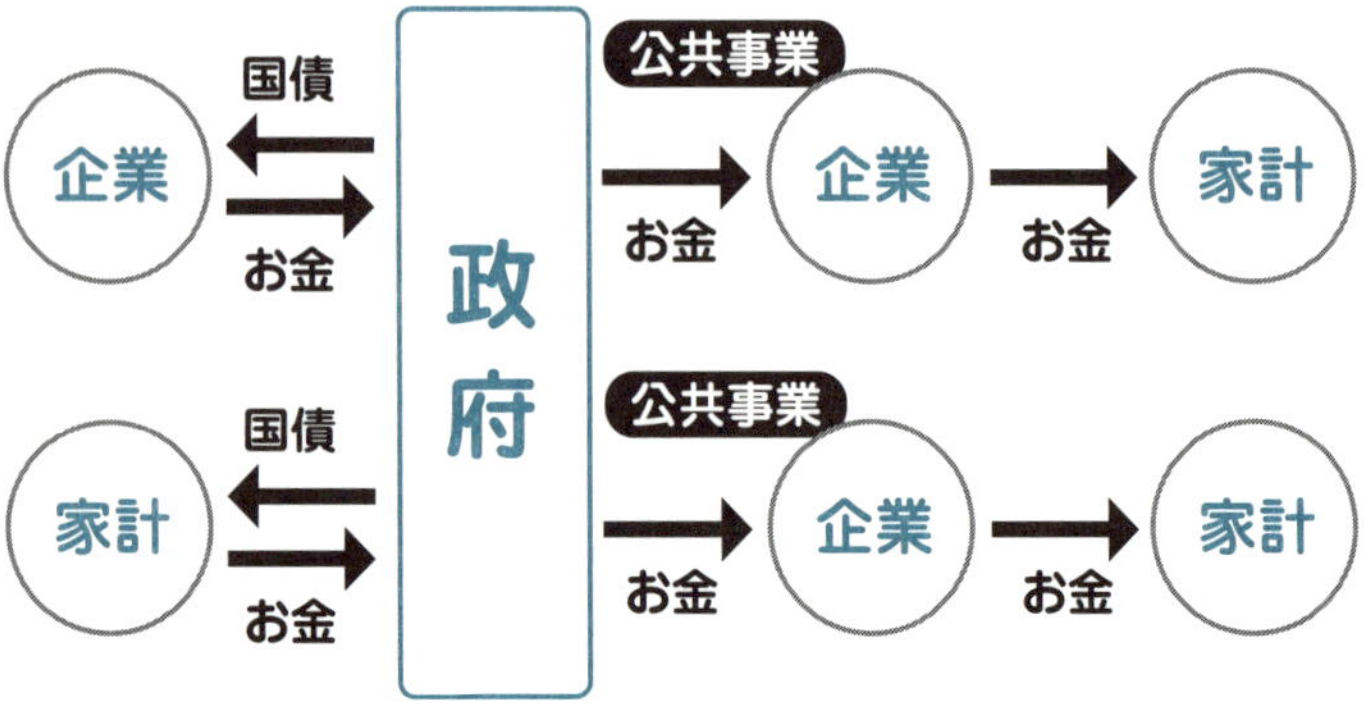

金融政策 日銀が金利を引き下げて銀行や企業がお金を借りやすくする。

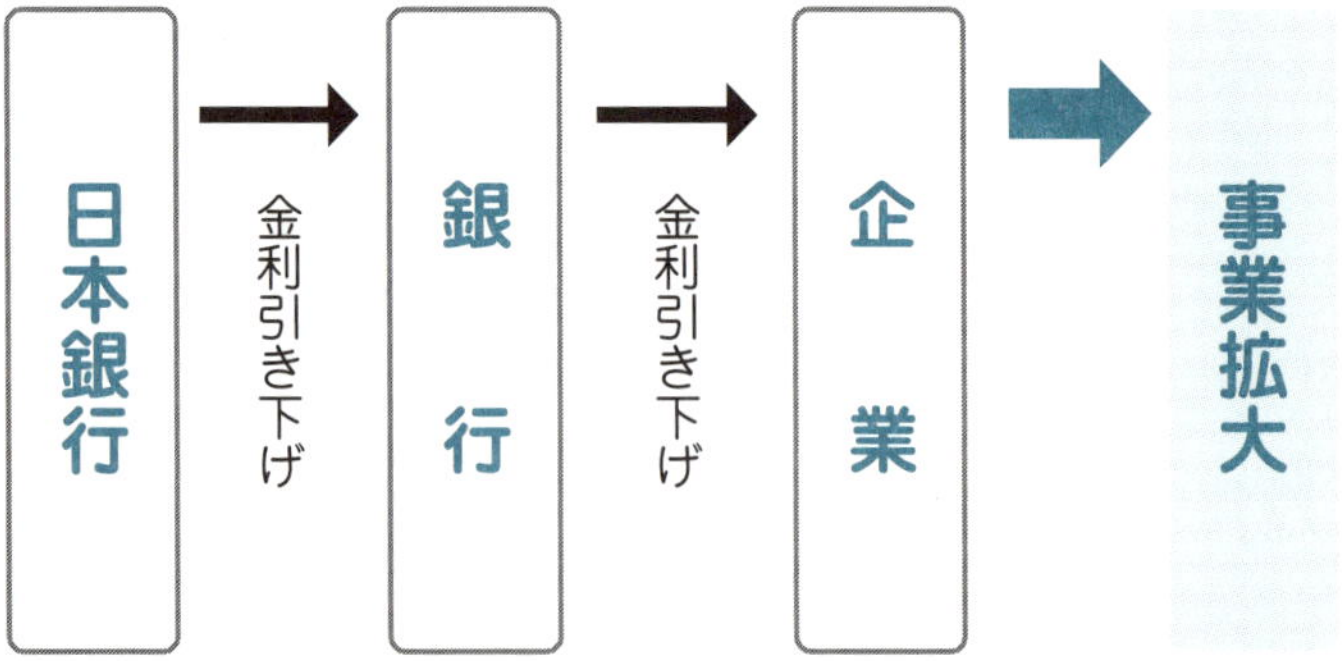

効果については議論が分かれる

ただし、財政政策や金融政策がどれだけ効果があるかは経済学者によって見解が分かれる。極端な話、財政政策はまったく効果がないと主張する学者もいる。

政府が国債を発行して公共事業をおこなうとしよう。なぜ増税ではなくて国債で資金調達をするかというと、景気が悪いときに増税をするとますます景気が悪くなるためだ。しかし国債は政府の借金なので、いつかは償還（返済）しなくてはならない。償還資金は税金でまかなわれる。つまり、将来いずれかの時点で増税になる。国民はそれが分かっているので、将来の増税のために消費を控えてお金を貯蓄に回す。だから国債発行によって公共事業をしても効果がないということになる。

結局は人間観の違いに行き着く。

人間が超合理的で将来を何でもお見通しなら政府の政策は効きにくいだろう。しかし、国民がそこまで将来を見通していないならば、政府のてこ入れによって景気が上向くことはあるだろう。

LESSON 33

ノーベル経済学賞受賞者が提唱する「ナッジ」

国民の生活がより豊かになるように政府などが国民を少し導く仕掛けのこと。

「ナッジ」で国民をより豊かに導く

二〇一七年のノーベル経済学賞（正式にはアルフレッド・ノーベル記念経済学スウェーデン国立銀行賞）はシカゴ大学のリチャード・セイラー教授に授与された。セイラー教授は「ナッジ」という概念を提唱している。**ナッジは日本語に訳しにくい言葉だが、他者の意思決定を望ましい方向に導くことである。**

主流派の経済学は、人間が超合理的であると仮定しているので、政府があれこれ国民に指図することは不必要だし、むしろ有害とみなされる。しかし現実には人間は案外と不合理で、自分のためにならないと分かっている意思決定をしてしまうことが少なくない。つい食べ過ぎてダイエットに失敗する、お酒を飲み過ぎて二日酔いになる、遊んでしまって試験で悪い点を取る、若い頃に貯金をしないで老後に苦労する、など。思い当たる人も多いのではないだろうか。

もちろん、できることなら後悔しないようにしたいと誰もが思っているが、自分ではなかなかできないものだ。かといって政府が直接に国民生活に介入するのは民主主義国家としてふさわしくないし、国民も反発する。そこで、国民の生活がより豊かになるように政府などが国民を少し導く仕掛けがナッジである。

たとえば、セイラー教授はアメリカで「明日はもっと貯金しよう」プログラムを開発した。給料をすべて使ってしまって貯金ができない人は、給料の一部を毎月自動的に定期預金に積み立てて簡単に引き出せないようにするとよい。

そこまではよくある話だが、このプログラムはもっと念が入っている。

若い頃は給料が少ないのであまり大きな割合を貯金することはできないので、定期預金に回す金額は低く設定されがちである。キャリアを積んで給料が増えてきたら定期預金に回す割合を増やせばよいのだが、人間は面倒なことは嫌いだし一度決めたことは変更したがらないので、最初に設定した低い金額や割合がずっと続くことが多い。

そこで、このプログラムでは、給料が低い初めのうちは定期預金に回す分を少なくしておいて、給料が上がるにつれて定期預金により多くの割合を振り向けることを最初か

ナッジが国民を豊かに導く

「ナッジ」
＝
他者の選択を
よりよい方向へ導くこと

本当は悪いと
思っているのに…

つい…
・お酒を飲み過ぎてしまう
・食べ過ぎてしまう

人は悪いと思っていても
つい不合理な判断をしてしまうもの。

こっちの方
がいいな
こうした方が
お得なんですよ

他者が働きかけることでいい方向へ導きつづければ
国民はより豊かになっていく。

ら設定することを推奨している。こうすれば、給料が増えるにつれて無理なく定期預金も増え、老後の備えがよりしっかりしたものになる。何より素晴しいのは、面倒くさがりの契約者があとでいちいち見直さなくても自動的に割合が変更されることだ。

民間企業でも使える

ナッジの考え方は民間企業でも使える。ホテルに連泊する際に「環境への負荷を配慮して、シーツやタオルの交換が不要な場合はこれをかけておいて下さい」というタグが置かれていることがあるが、タグをかける人は限られている。そこで、どんなメッセージの効果が高いのかを、タグの内容を変えて計測する実験がアメリカで行われた。

結果は「お客様の七五パーセントがご協力下さっています」というメッセージの効果が高かった。そしてそれ以上に効果があったのは「この部屋にお泊まりのお客様の七五パーセントがご協力下さっています」というものだった。

宿泊客にとって同じ部屋に泊まった客はより身近に感じられる。人は知らない誰かよりも身近な人に対して合わせようとする傾向が強いので「この部屋に泊まった人がみんなそうしているなら自分もそうしよう」と、タグを使用してくれたのだ。

LESSON 34

アベノミクスは効果があったのか？

安部首相は効果を強調するが、はたして国民は実感できているのか？

「異次元の金融緩和」

二〇一二年の年末に成立した第二次安倍政権は、日本経済の活性化のためにアベノミクスと呼ばれる経済政策を打ち出した。中心となるのは「三本の矢」と呼ばれる三つの政策だ。

第一の矢は「大胆な金融政策」で、金融緩和によって日本銀行が世の中にお金をどんどん供給する。第二の矢が「機動的な財政政策」で、公共事業を増やすことで関係する民間企業にお金が渡り、また社会基盤が整備される。第三の矢が「民間投資を喚起する成長戦略」で、規制緩和によって民間企業や個人が力を振るいやすくする。これらがあいまって経済が活性化するという筋書きだ。

特に注目されるのは第一の矢の金融政策だ。日本銀行は二〇一三年に「異次元の金融緩和」を打ち出した。市場に対して円をジャブジャブと供給して、デフレ状態の日本を年率二パーセントのインフレに持っていこうとしている。インフレ率（物価上昇率）に目標を設定する「インフレターゲット」政策だ。

デフレとは通貨の価値が上がってみんなが物を買わなくなっている状態だ（詳しくはLesson25を参照）。

だまっているとどんどん不景気になっていくので、円を世の中に大量に供給して円の価値を下げてみんながお金を使うように仕向けようというわけだ。具体的には、日銀が**民間銀行から国債を大量に買い取る。するとその代金が民間銀行に支払われるので、民間に出回るお金が増えるという筋書きだ。**

バブル崩壊後の日本では長年にわたって金融緩和が続けられたが、デフレは克服できなかった。だから金融政策はあまり効果がないと考える経済学者もいる。反対に、金融緩和が不十分だったからデフレから脱却できなかったのであって、もっと大胆に金融緩和をすればインフレに持っていけると考える学者もいる。「異次元の金融緩和」は後者の考え方による。

日銀の金融政策

公開市場操作

国債などの売買で…

●金融引き締め

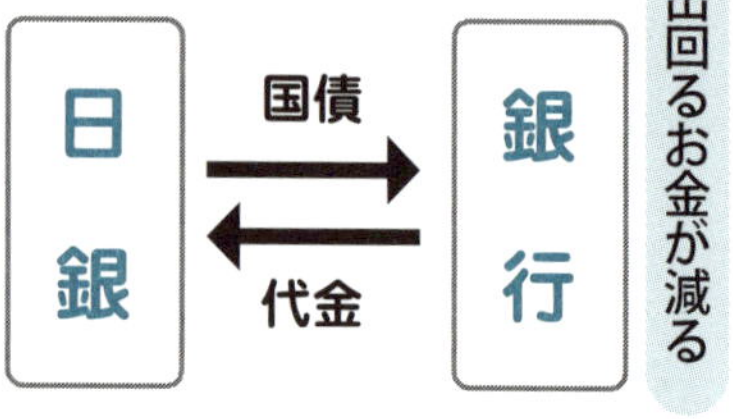

●金融緩和

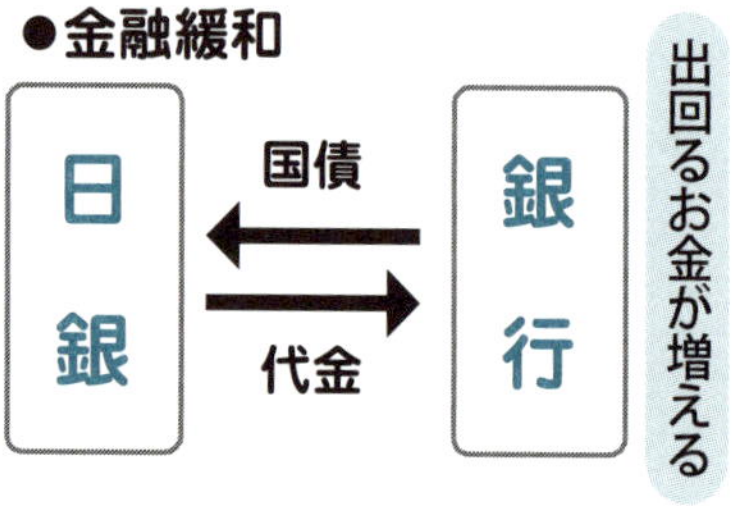

インフレ目標は達成されていない

アベノミクスの効果があったかどうかだが、首相官邸のウェブサイトでは、実質GDPや株価、有効求人倍率などの経済指標が軒並み上昇しているので成果はあがっているとある（二〇一八年二月時点）。

しかし、国民にはそれほど景気がよくなった実感がない。確かに株価は上昇してきたし、円安が進んで輸出企業は儲かったかもしれないが、賃金は期待したほどは伸びていない。ドルで計れば日本の賃金はむしろ下がっている。また、日本貿易振興機構（ジェトロ）の資料によれば、二〇〇七年から二〇一六年までの一〇年間で、日本の工場労働者の賃金はドル建てで三〇パーセント近く減っているのだ。

当初は二〇一五年の四月に達成するはずだった二％のインフレは達成できず、目標期限は先に延ばされた。もともと政府による金融政策や財政政策は景気回復の呼び水であって、**民間企業や個人の投資や消費が活発にならなくては景気は上向かない。国民が将来を楽観してお金を使うようになる仕掛けがもっと必要だろう。**

LESSON 35

公共事業はどんな役割を果たすのか？

「利用者からお金を取らない施設を、税金を使って作る」というのが公共事業の定義だ。

税金を使って「公共財」を作るのが公共事業

経済学では、世の中で経済活動をおこなっている主体として「家計」「企業」そして「政府」を考える。家計は労働して収入を得て、財（モノ）やサービスを買う。企業は資金を調達し労働者を雇って財やサービスを生産する。政府も労働者（公務員）を雇ったり財やサービスを買ったりするが、ほかに政府にしかできない経済活動がある。それは税金を取り立てることだ。政府とは国民から税金を取り立ててそれを使う存在だといえる。

政府は「公共のため」に税金を集めてそれを使うというのが建前だ。それには二種類あって、形のある「公共財」を作ることと、形のない「公共サービス」を提供することだ。

一般には、公共財を作ることを「公共事業」という。

公共財とは、具体的には道路や橋、港湾や公園など、公共のために使われるモノを指すと考えればだいたいは合っているが、もう少し厳密に考えてみよう。

たしかに公園はみんなが憩う場所であるということで、公共的な施設だ。でもみんなが憩う場所は公園だけではない。東京ディズニーランドなどの遊園地にも、やはり大勢の人が楽しみを求めてやってくる。しかし東京ディズニーランドは公共施設とはいわない。違いは東京ディズニーランドが利用者からお金を取るところにある。

東京ディズニーランドのようなところで遊べるならお金を払ってもいいという需要があれば、それで採算がとれると思う企業がそれを供給する。このように企業や家計の間でお金が取り引きされるモノを経済学で「私的財」という。

公共財や公共サービスは利用者からお金を取らない

逆に、消費者や利用者からお金を取れないモノについては、民間企業は供給できない。

たとえば一般の道路がそうだ。狭い路地も含め、あらゆる道路を通行している自動車

公共事業で世の中にお金が回る

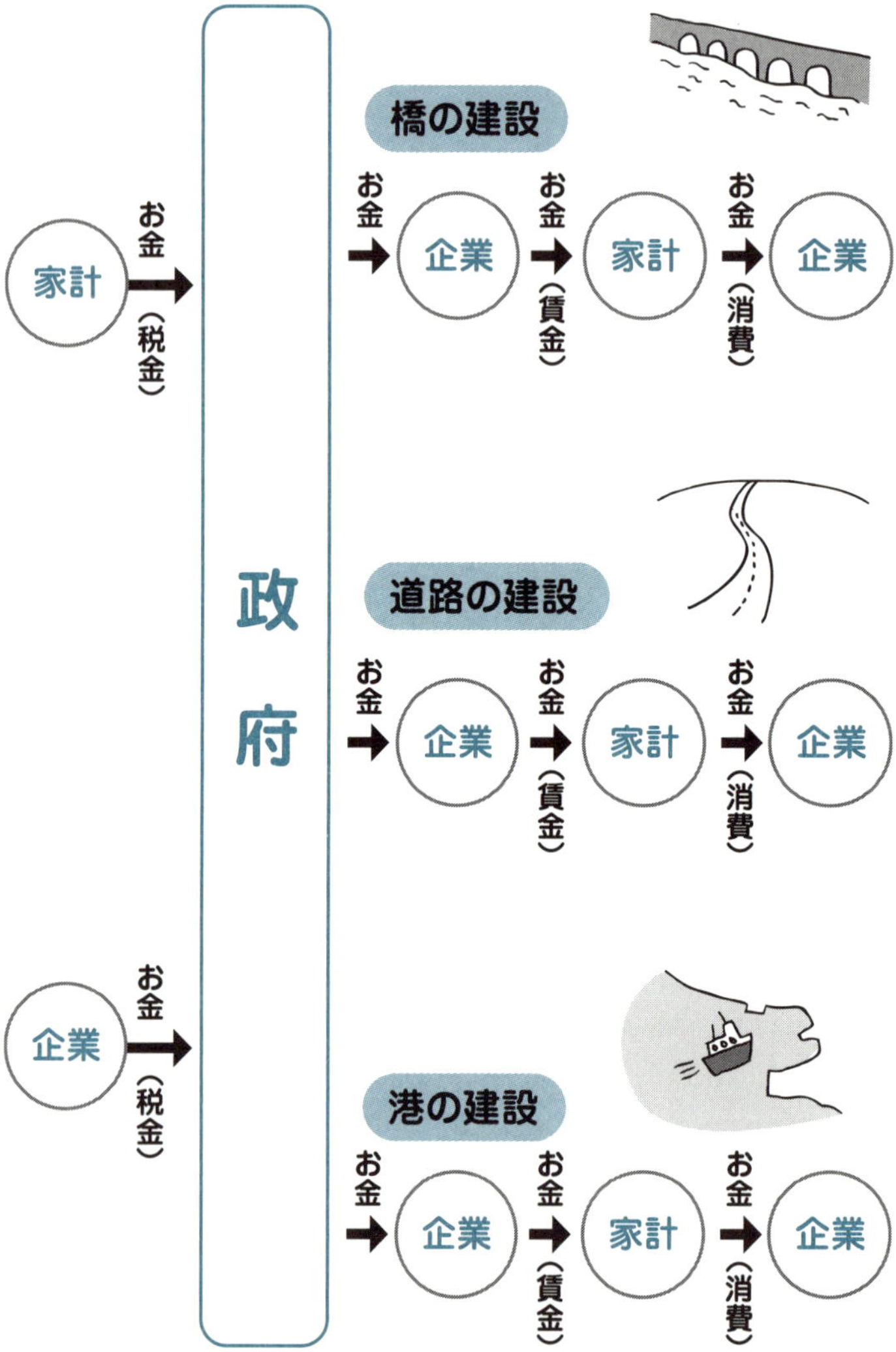

や歩行者から料金を取ることは（少なくとも現在の技術では）不可能だ。

だから、企業によって私的財として供給されることはない。でも道路がないと不便なので、政府が税金として市民から費用を集めて公共財として供給することになる。

公共サービスも同じだ。たとえば軍隊はそのサービスに対してお金を払っている人だけに絞ってサービスを供給することはできない。外国と戦争になって、外国の軍隊が自国に攻め入ってきたときに、自国の軍隊がいちいち「この家は料金を払っているから守る、あの家は払っていないから守らない」とはいかないのだ。警察や消防も同様だ。

経済学でいう純粋な公共財や公共サービスとは、利用者からお金を取ることができなくて、また誰かが利用しているからといって他の誰かが利用できないということはないモノやサービスを指す。たとえば日本の高速道路は利用者から料金を取るから、厳密な意味での公共財ではないとも言える。

LESSON 36

財政赤字は悪いとは限らない

政府の赤字と国民の黒字がほぼトントンだし、借金を有効に使えばいいはずだ。

円で国債を発行している限り返済不能にはならない

政府の収入（おもに税収）よりも支出（国家公務員の人件費、社会保障費、防衛費など）が上回っているのが財政赤字だ。そのぶん政府は借金をしていて、その証文が国債というわけだ。

財務省の資料によれば、二〇一七年度末の日本政府の借金である公債残高は約八六五兆円と見込まれていて、国民ひとり当たり約六八八万円になる（このほかに地方自治体の借金もある）。

このような巨額の財政赤字はたいへんな問題なのかというと、実はそうとも言い切れない。経済学的には赤字は必ずしも悪ではないのだ。

そもそも、これは政府の借金であって、あなたの借金ではない。

よく「国の借金」というが、その言い方は国民と政府を同一視するようで好ましくない。極端な話、あなたが外国籍を取得して外国に移住してしまえば、日本政府の借金とは関係が無くなる。

政府の財政赤字が問題になるのは、第一に、政府が借りた金を返せなくなる恐れがあるのではないかというものだ。歴史上、いくつかの国が返済不能（デフォルト）に陥っている。しかし、それは外国通貨で国債を発行している場合であって、日本政府が円で国債を発行している限り、返済不能に陥ることは原則的にありえない。政府は国債償還に必要な分だけ、いつでも増税できるのだから。

もし増税がままならなければ、最後の手段だが、円紙幣をどんどん印刷して、返済にあてることも不可能ではない。もちろん、円の価値が下落し日本がインフレに見舞われる危険と引き替えではある。

政府の借金がかさむと、国全体が貧乏になったような錯覚にとらわれるかもしれない。しかし、今のところは日本国債を買っているのは主に日本人だから、政府の借金分だけ

政府の赤字と国民との関係は

政府の赤字（国債残高）を
国民が背負っているわけではない。

政府の借金分だけ
国民の金融資産が増えている。

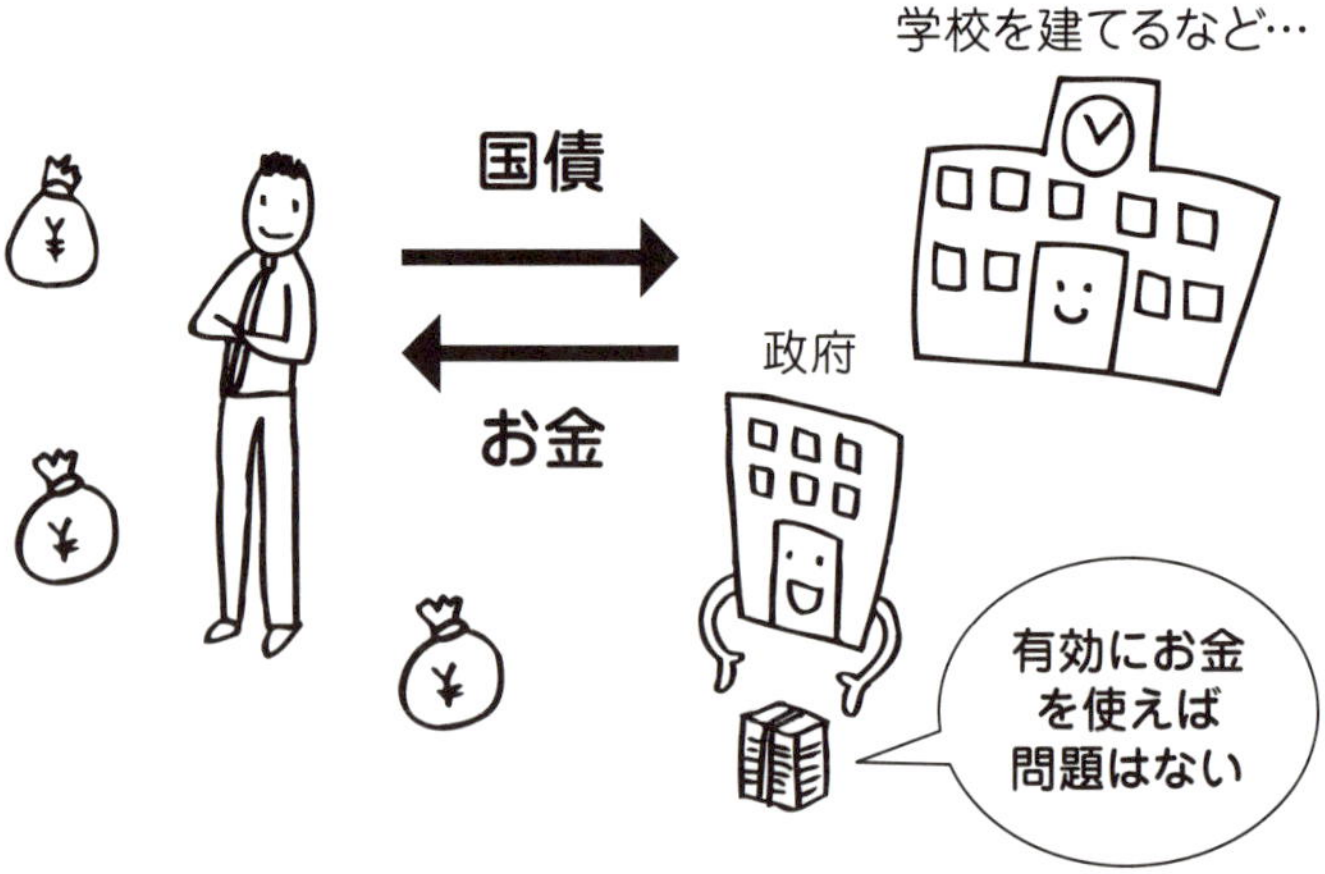

国民の金融資産が増えていることになる。**政府の赤字と民間の黒字を突き合わせれば、だいたいトントンになるのだ。**

借金を有効に使えばいい

二つめの批判は世代間の負担分担の問題だ。国債の償還のために将来増税がおこなわれたとすると、現在の世代が借金して豊かに暮らしたツケを、将来の世代に負わせることになるのではないか。

現世代が借金を無駄に使って次世代に何も残せなかったとしたら、そういう可能性がないとはいえない。しかし、借金を有効に使って次世代に豊かで暮らしやすい社会を残すことができれば、必ずしも恨まれることはないだろう。

ただし、ここまでは経済学の原則論だ。国債の発行によって得たお金を日本政府が将来の日本のために有効に使ってきたかというと、お世辞にもそうとはいえない。人気取りのためにばらまいて今後に生かされない支出がいろいろある。その場しのぎで借金を重ねてきたツケを将来世代に負わせるのはやはり酷というものだ。

LESSON 37

消費税の増税は受け入れるべきか？

負担増を軽減税率でやわらげるというが、やっかいな問題もある。

延期された消費税増税

一九八九年に三パーセントの税率で導入された消費税は、九七年に五パーセント、二〇一四年に八パーセントに引き上げられた。二〇一五年の一〇月に一〇パーセントに引き上げられる予定だったが、経済の調子がよくないという理由で繰り返し延期された。現在のところ、二〇一九年の一〇月に引き上げが予定されている。

なぜ消費税が増税されるかというと、日本政府の財政赤字を改善するためだ（Lesson36でも議論したように、財政赤字は絶対的な悪ではないが、かといって絶対的な善というわけでもないので、このまま議論を進めよう）。

財政赤字の改善は最終的には増税によることになるが、所得税などに比べて消費税は脱税がしにくいので徴税上のメリットがある。しかし、**消費税が増税されると当然ながら消費者はあまりモノを買わなくなるので景気に悪影響を及ぼす。**日本の景気がなかなか上向かない時に増税は難しいというので一〇パーセントへの引き上げが延期されたという経緯がある。

軽減税率で低所得者へのダメージは減らせるか？

一〇パーセントへの引き上げに関連して議論されているのが軽減税率の問題だ。もともと消費税は低所得者のほうが所得に占める負担が大きい。高所得者は収入の一部しか消費に回さなくても済むのに対して、低所得者は所得の多くを消費に回さなくてはならないからだ。

消費税の増税は特に低所得者へのダメージを減らすために生活必需品などの消費税率を低くするのが軽減税率だ。実際に、生鮮食料品などの税率を低くしている国は少なくない。

しかし、ここにはやっかいな問題がある。軽減税率の対象とする商品とそうでない商品の線引きによって不公平感が出てきてしまうのだ。たとえば「生鮮食品は軽減税率、

増税した先の低所得者救済策は？

財政赤字をなんとかしないと…！

消費税を

8％→10％にしたい！

でも

高くて
モノが買えない…

国民の生活を保障するには…

軽減税率の導入？
生活必需品の税率を下げる

低所得者への
給付？

テイクアウトは
軽減税率の対象で
イートインは対象外？！

生鮮食品

飲食店

高級メロンも
軽減税率の対象に？

チェック体制は？

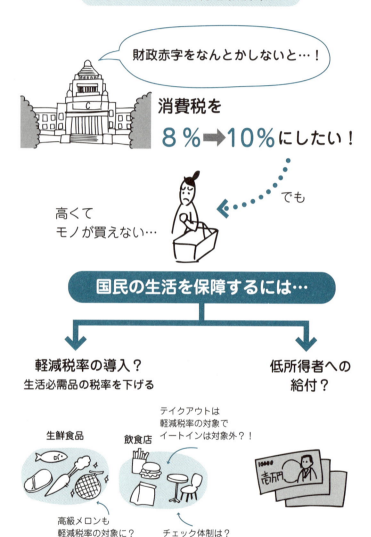

加工食品は通常税率」とした場合、金持ちしか買わない一個一万円の高級メロンが軽減税率、庶民が買う一個一〇〇円のカップ麺が通常税率となる。これは釈然としないのではないだろうか。

また、線引きは役人や政治家が決めるので、自分の扱う商品を軽減税率の対象にしてもらおうと役人や政治家に頭を下げたり取り入ったりする人がでてくるし、政治家や役人にとってはそれがうまみとなる。**いっそ軽減税率をやめてしまって、消費税の負担がきつい低所得者に対しては別途お金を給付するほうがシンプルである。**

もうひとつ見過ごせないのは、日本の消費税にはインボイスがないことだ。インボイスとは店が商品を仕入れたときについてくる伝票で、これに消費税額が記載される。インボイスがあると商店は脱税しにくいし、徴税の手間も軽くて済む。

世界的に消費税にはインボイスが付きものなのだが、日本では導入される気配がない。消費税を脱税したい業者に配慮しているのではないかと勘ぐりたくなるというものだ。

LESSON 38

マイナンバー制度は脱税防止になる

税率をどうこうするよりも、
税金逃れを防げば税収は相当増えるはずだ。

万人が納得する税制は不可能

望ましい税制とはどんなものだろうか。

たいていの人は、とにかく自分の税金がなるべく安くなるのがいい税制だとみなす傾向があるので、万人が納得できる税制を実現することはおそらく不可能だろう。それでもやはり、なるべく公平な税制を目指すべきではある。日本にはいろんな税金があるけれども、個人が支払う税金には所得税や相続税、消費税などがある。消費税率は一定だから、同じ物なら誰が買っても同じ税金がかかる。一方で所得税や相続税は累進課税といって、所得や相続額が多いと税率が高くなる。

これらの税金も税率は一定にした方が公平だという人もいないではないが、税金を払う能力のある人が多く支払うことはたいていの人が納得するだろう。ただし、高額所得者の所得税率があまり高すぎると税金の安い海外に移住されてしまう恐れがある。税金を安くして金持ちを呼び込もうとしている国もあるのだ。

日本では所得税の最高税率は、ひところは七〇%だったのが二〇一五年は四五%に下がっている(これでも数年前よりは少し上がっている)。

税金逃れを防ぐには

公平の観点から見過ごすことができないのは、納めるべき税金が納められていないことだ。企業などで働いている人は源泉徴収という世界でも珍しい制度によって勤め先が計算して本人に代わって税金を納めてしまうから、ほとんどごまかしようがない。一方で自営業者などは、税務署が収入をかならずしも把握しきれないので、相当な税逃れがあると見込まれている。

本書の前の版では納税者番号制度の導入を訴えていたが、二〇一五年、ついに日本にマイナンバー制度が導入された。導入の効果はいろいろあるが、税金逃れを防止する効

批判の声も多いマイナンバー制だが、メリットもある

マイナンバー制度（社会保障・税番号制度）

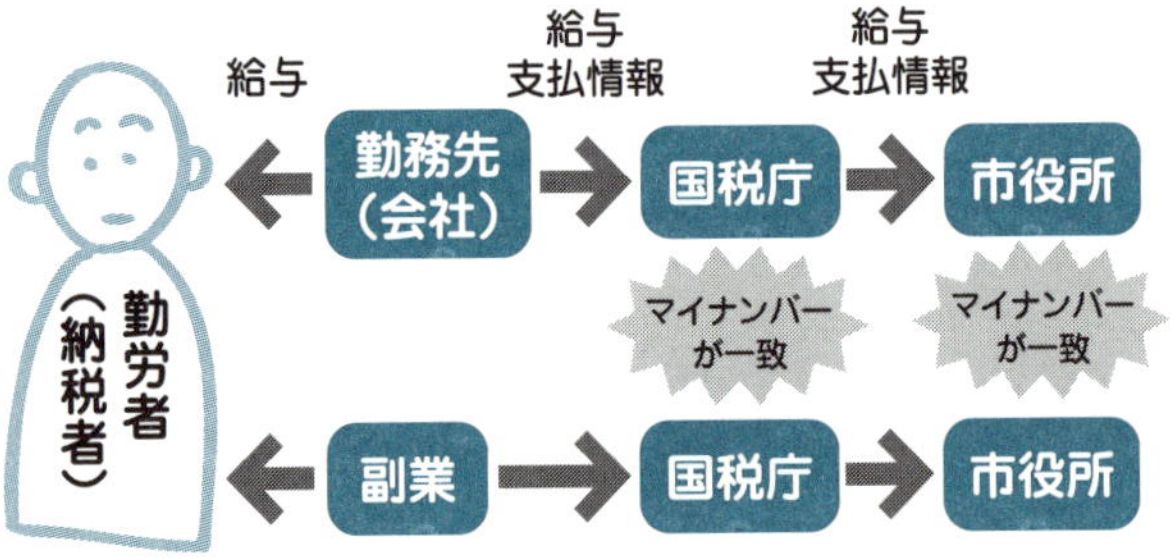

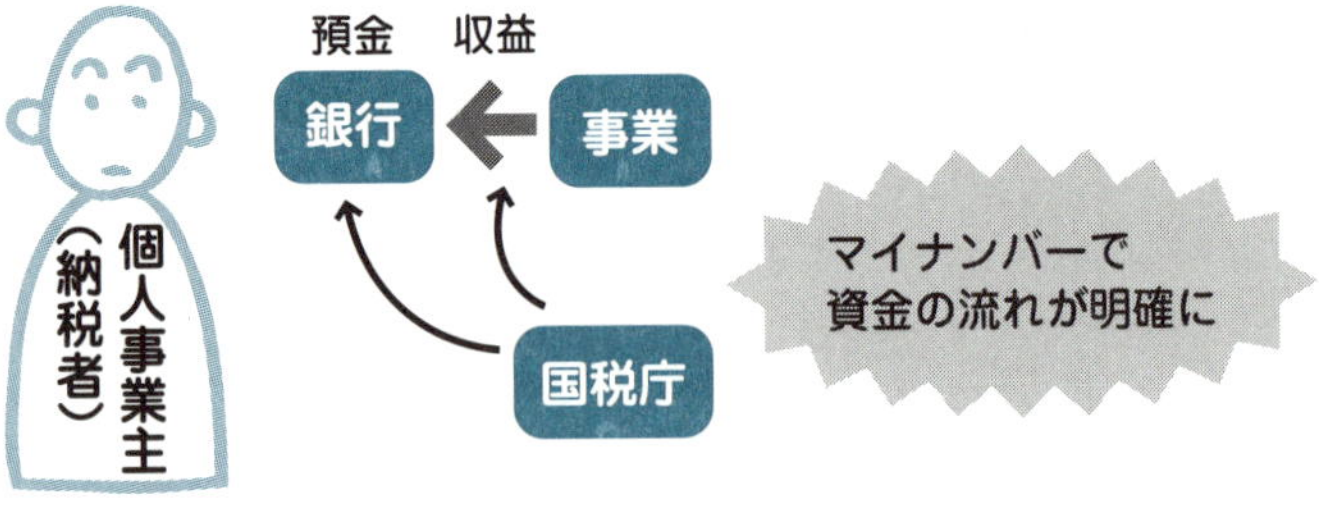

所得隠しがバレる！　脱税を防止

果があることが期待される。

一例が個人の所得税のがれの摘発だ。会社は従業員に給料を支払うとき給料に見合う分の税金を納税して（源泉徴収をして）従業員に源泉徴収票を発行する。複数の会社から収入がある人は、まとめて確定申告をしなくてはならない。しかし確定申告をすると所得が合算されるので源泉徴収で支払った以上に納税しなくてはならない。それを嫌って確定申告をしないで済ます人もいるようだ。

それは脱税なので取り締まりの対象になるが、税務署が源泉徴収票を突き合わせるのは膨大な作業が必要で、これまではなかなか手が回らなかった。現在は源泉徴収票にマイナンバーが記載されるようになったので、簡単に突き合わせができる。税金のがれを簡単に見つけられるし、徴税のコストも大幅に削減される。

プライバシー保護の観点からマイナンバー制度を問題視する向きもあるが、**きちんと税金を払わない人の分まで正直な人が負担させられている状況を改善できるのはたいへんなメリットだ。**

LESSON 39

貿易収支の本当の意味

貿易赤字が損、
貿易黒字が得というわけではない。

黒字を喜ぶのは昔の「重商主義」

財政赤字が嫌われて黒字が好まれるのと同じように、たいていの人は貿易赤字を嫌い、貿易黒字を好む。自分の国に黒字がたまったり金の準備高が増えたりすると、国力が増したような気がするのだろう。

しかし、**貿易黒字や金の準備高が国力をあらわすというのは「重商主義」といって、主流派経済学がはるか昔に捨て去った考え方だ。**

一六世紀の中ごろ、スペインはインカ帝国を滅亡させるなどして中南米から大量の金を略奪してはせっせと国内に持ち込んだ。すると何が起こったか。インフレ(物価上昇)だ。モノやサービスの供給が増えないのに貨幣（この場合は金）が増えると、起こるのはインフレと相場が決まっている。

むしろ当時は小国とみられていたイギリスのほうが、その間、生産力の増大に励み、のちにスペインをうちまかして世界の覇者へとのし上がって行った。

国富とは貨幣や金ではなく、人間によって生み出されるモノやサービスなのだ（もちろん自然環境も人類にとってかけがえのない宝だが）。

貿易赤字のほうが経済が活発という見方もできる

アメリカのトランプ大統領は日本などに対する貿易赤字を問題視している。アメリカを貿易黒字国にするのが目標らしい。しかし貿易黒字を目標にすることは経済政策の目標としてはふさわしくない。以下に説明していくが、貿易収支は自動車や小麦粉などの財（モノ）の輸出入の話だけれども、現代はサービスや金融の国際間取引のほうがむしろ活発なので、これらも含めた経常収支を物差しにすることが多い。だから財の貿易に限定せず経常収支に拡張して説明しよう。

財やサービスの取引を国内だけに限定するよりも、国境をまたいで自由に取引したほうが関係するすべての国が豊かになることは説明済みだ（Ｌｅｓｓｏｎ11参照）。自由に取引（貿易）した結果として赤字になる国もあれば黒字になる国もある。国内で生産

「黒字がいい、赤字が悪い」は単純すぎる

それぞれの国の個人や企業が合理的に判断して、モノを買ったり、貯金をしたりといったお金のやりとりをしている

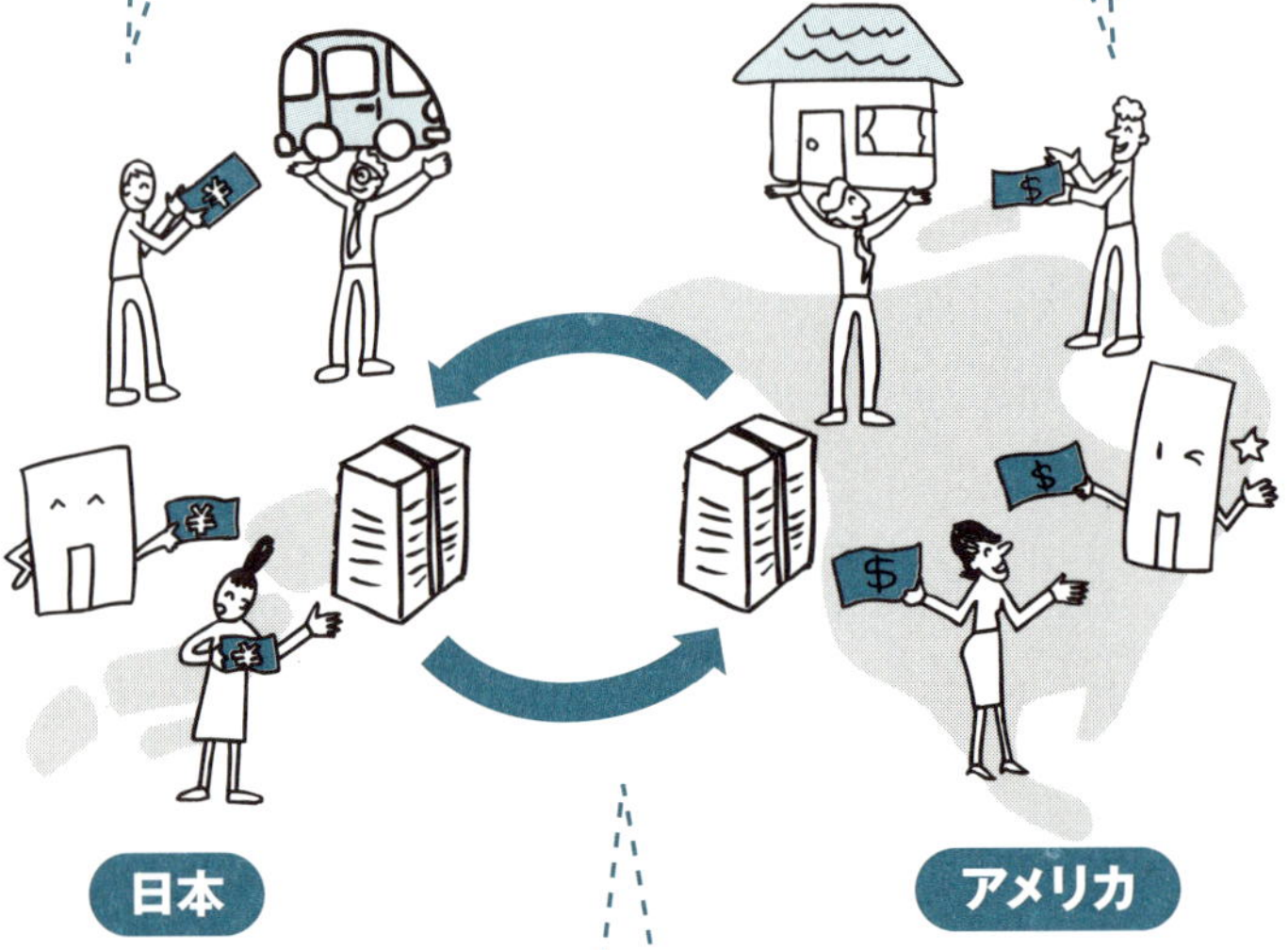

その一部がたまたま国境をこえていて、それを計算した結果が貿易赤字・黒字になっているにすぎない

（供給）する以上に国内需要が旺盛な国は外国からたくさん輸入するので赤字になる。逆に国内で生産するよりも需要が少ない国は黒字になる。どちらかといえば、需要が旺盛な赤字国のほうが経済が活発だとみなすこともできる。

どこかの国が経常収支を黒字にすることを企んだら何をすればいいか。単純にいえば、財やサービスの輸出を促進して輸入を制限すればよい。たとえば、海外旅行をすると海外で宿泊費や食費やお土産代を支払うので、経常収支にとっては輸入と同じ効果がある。だから国民の海外旅行を制限すれば経常収支は黒字に傾く。あなたはそんな国に住みたいだろうか。また当然ながら、世界各国の赤字と黒字を合計すればゼロになる。どこかの国が黒字になったら、必ずどこか赤字の国が出る。すべての国が経常収支の黒字を目標にした経済政策をとったら、輸入制限競争になって（世界から貿易や海外旅行者が減ってしまって）、世界経済はひどく沈滞してしまうだろう。世界中の国が活発に貿易をすることが各国の経済を活発化するのであって、結果的に黒字だったり赤字だったりしても心配することはない。実際、二一世紀に入ってからアメリカやイギリスの経常収支はだいたい赤字が続いているが、どちらも高めの経済成長率を維持している。

貿易収支や経常収支について黒字や赤字という用語を使うのは誤解のもとだからやめたほうがいいかもしれない

LESSON 40

産油国はお金があるのになぜ先進国になれないのか？

「中所得国の罠」と「石油の呪い」が先進国化を遠ざけている。

なぜか先進国になりづらい産油国

経済的に豊かで生活水準が高い国を先進国という。いま世界の先進国というと、イギリスやドイツなど西ヨーロッパの国々、アメリカ大陸のアメリカとカナダ、オセアニアのオーストラリアとニュージーランド、そしてアジアでは日本などだが、これらの国は昔から先進国だったわけではない。ヨーロッパの中世時代はイスラム世界や中国の方が学問も技術も進んでいた。ヨーロッパの中でもイギリスではなくスペインやポルトガルが覇権を握った時代があった。現代は資金移動や技術移転が容易になっているので、中進国や発展途上国が経済発展を遂げていけば、いずれは先進国の仲間入りをするように思われる。

ところが現実には、過去数十年では先進国がどんどん増えてきたわけではない。何か経済発展を妨げる要因があるのだろうか。

産油国ならではの特徴が発展を妨げている

「中所得国の罠」と呼ばれる現象がある。

ひとりあたり国民所得が一万ドルくらいまでは順調に成長を遂げたのに、いざ一万ドルを超えようというあたりになると失速し、なかなか這い上がれないことが多いというのだ（例外は日本やシンガポール、香港、韓国など）。

そもそも途上国は賃金の安さを武器にして輸出で稼ぐなどして中進国入りを果たすというパターンが多い。しかし中進国になると賃金が高くなり、かつての競争力が失われてしまう。先進国にのし上がるには技術の高度化など別のステップが必要で、それに成功するかどうかが鍵になるのだ。

中東には石油産出によって莫大なお金が入ってくる国がある。王族の金満ぶりは日本の金持ちとは桁違いだ。とはいえ石油はいつか枯渇するので、今のうちに先進国入りし

産油国は先進国になりづらい

石油の輸出により自国通貨が高くなり、他の輸出産業が育ちにくい。
また産油国は中東やロシアなど、強権国家が多い。

権力者が石油による利権をしっかりと押さえて、権力の維持のために国民を抑圧し、民主主義が育たない。経済活動の自由度も低いので、経済成長の芽が摘まれてしまう。

ておきたいところである。

お金はたくさんあるので、それを使ってせっせと国づくりをしているのだが、先進国というにはほど遠い。これが「石油の呪い」と呼ばれる現象である。

その原因はひとつには石油の輸出により自国の通貨が高くなり、他の輸出産業が育ちにくいことである。また産油国は中東諸国にしてもロシアにしても強権国家が多い。**権力者が石油による利権をしっかりと押さえて、権力の維持のために国民を抑圧し、民主主義が育たない。**経済活動の自由度も低いので、経済成長の芽が摘まれてしまう。

日本には石油などの地下資源が乏しいので、つい産油国などの資源国をうらやましく思ってしまうのだが、国民が勤勉に働くことが先進国への道であり、日本はそれを成し遂げた。もし日本で石油がとれたとしたらどうなっていただろう。

LESSON 41

日本農業の振興のために何をすべきか？

政府は農業保護に予算をつぎ込んできたが、方法が間違っていた。

日本の食糧自給率はなぜ低いのか

比較生産費説が明らかにしているように（Lesson11参照）、自由貿易によって各国が得意な分野に集中することが結果的にすべての国の利益になる。農産物についても、当面の経済効率だけを考えるなら、貿易を自由化したほうがいいに決まっている。

しかし、農産物は食糧だから、人間が日々生きていくのに決して欠かすことができない。また、工業製品と違って、大量に安定的に生産することができない。これから地球の人口はますます増加するが、肝心の農地はそれに見合って増えてはいない。砂漠化などによる農地の消失も進んでいる。

食糧安全保障の観点からも、世界のほとんどの国が自国の農業を保護して食糧自給率

の向上を図っている。日本政府も長年にわたってかなりの予算をつぎ込んで農業を保護して自給率の引き上げを目指してきた。ところが結果が全くともなっていない。

政府から保護された産業は、たいていはそれなりに発展することができる。そしてうまい汁が吸える、つまり簡単に儲かるようになる。たとえば、旧大蔵省（現財務省）は銀行を、旧運輸省（現国土交通省）は航空旅客産業を、旧厚生省（現厚生労働省）は製薬産業を長らく保護してきた。その間は一般国民は預金金利を低く抑えられ、高い航空運賃と薬代を払わされつづけ、一方でその業界の企業は莫大な利益を上げることができた。現在では自由化が進んだおかげで（保護が減ったおかげで）航空運賃などはずいぶん安くなった。銀行や航空会社は競争が激しくなって経営破綻したところもある。

ところが日本の農業はというと、保護の甲斐なく肝心の食糧自給率は下がりっぱなしだし、農家もあまり儲かっていない。多くの先進国は農業保護の甲斐あって自給率が向上し、農産物の輸出国になっているところもあるというのに、なぜ日本だけがこのざまなのか。保護のしかたが間違っていたとしか考えられない。

各国の食糧自給率（カロリーベース）

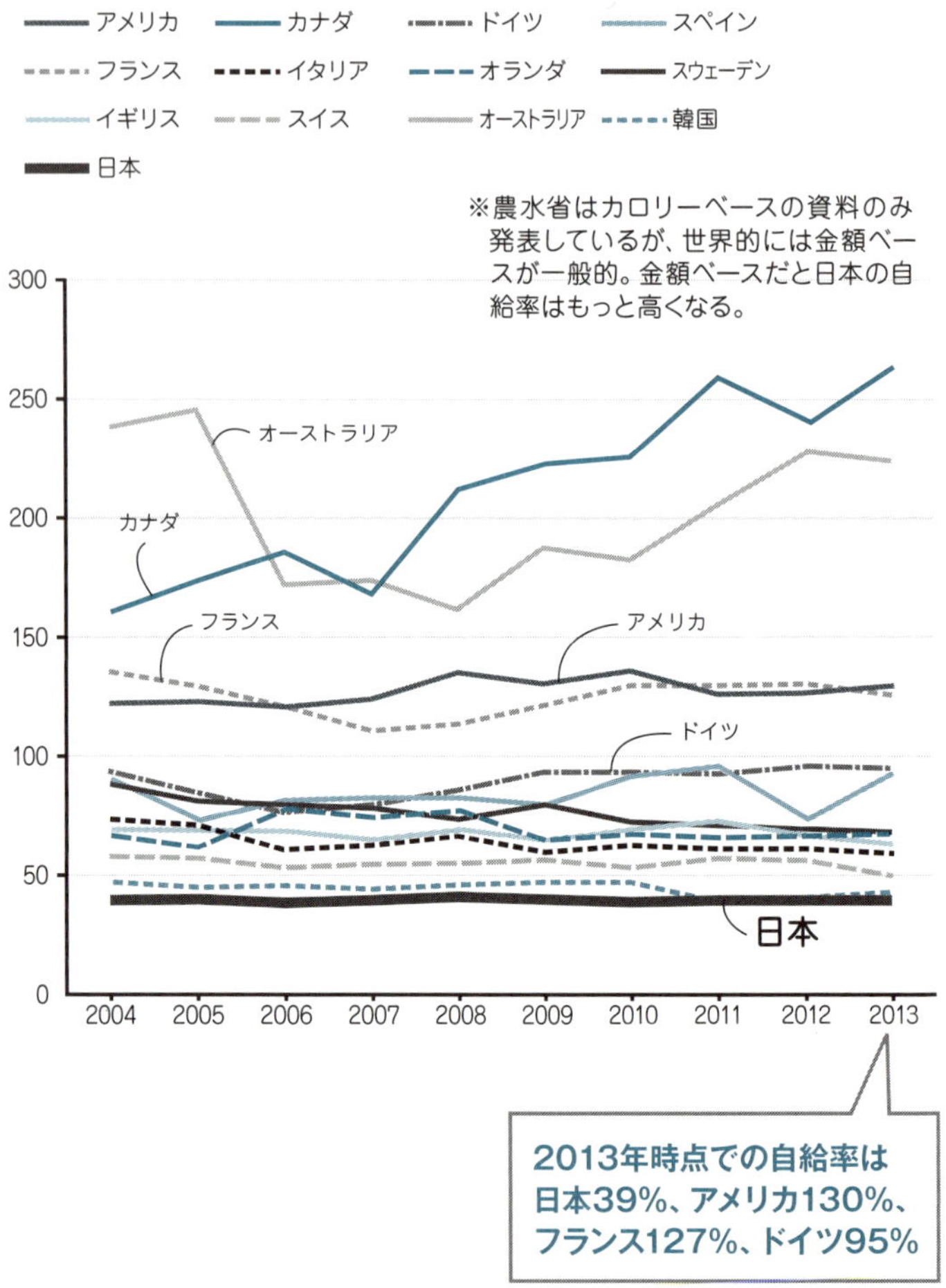

（農林水産省のウェブサイトにある表からグラフを作成）

貿易を自由化しつつ農業保護を

農業の保護と農家の保護はイコールではない。厳しいようだが、農業は保護すべきだとしても、すべての農家を保護することは望ましくない。これまで日本では、普段は勤め人をしながら余暇で農業をするような兼業農家のほうが保護の恩恵に浴してきた面がある。また、莫大な予算で農家よりも土木業者を保護するかのような農政が進められた。そんな農政はやめて、十分な規模の主業農家が存分に創意と工夫を発揮できるような施策が必要だ。

ただし、先進国が途上国に対して、工業やサービス業よりも農業が比較優位を持つことはありえない。つまり、先進国の農家がどんなに頑張っても他の産業と同等の所得を得られる見込みは薄い。

今まで日本では農産物の輸入制限などで価格を高くすることで保護してきたが、貿易はなるべく自由化して競争を促進し、きちんとした主業農家に所得補償をするという方法もある。そのほうが農業保護のために支出しているコストが透明になるというメリットがある。

LESSON 42

「ふるさと納税」のお得度

出身地や応援したい地域に寄附をすると税金が減額されるのが「ふるさと納税」だ。

税金が減額される

日本の税金にはいろいろあって、消費税は買い物をするたびに誰もが払わなくてはならない。自動車を持っている人は自動車税がかかるし、一定以上の所得がある人は所得税や住民税を払わなくてはならない。

住民税はゴミの収集などの自治体のサービスの対価なので、自分が住んでいる自治体に払うことになっている。東京などの都会は住民税がたくさん入ってくるが、地方はそうでもない。

地方で地方の税金によって教育を受けて、学校を卒業してから都会にやってきた人は、出身地に恩返しがしたいという気持ちがあるのは自然なことだ。出身地でなくても、被災地や自分の好きな地域を応援したい人もいる。そんな人が利用できるのがふるさと納税だ。

これは、**自分が選んだ自治体に寄附（ふるさと「納税」と呼ばれているが、厳密には寄附である）をすると、そこから二〇〇〇円を引いた金額だけ所得税と個人住民税が安くなるという仕組みだ。**

たとえば一万円を寄附したら税金が八〇〇〇円安くなる。差額の二〇〇〇円は自己負担になる。ところが自治体の中には、寄附に対して特産品などのお礼の品を贈ってくれるところがある。寄附金の半額を超える返礼品をくれるところがあったが、二〇一七年四月に総務省が自治体に対して返礼を寄附金の三割以内にとどめるように要請し、少し歯止めがかけられた。

もし一万円の寄附で三〇〇〇円の返礼品をもらったとすると、自己負担が二〇〇〇円だから、寄附しない場合よりも差し引き一〇〇〇円の得になる計算だ。五万円の寄附に対して一万五〇〇〇円の特産品をもらったならば、二〇〇〇円を引いた一万三〇〇〇円の得になる。

ふるさと納税はこんなにもお得

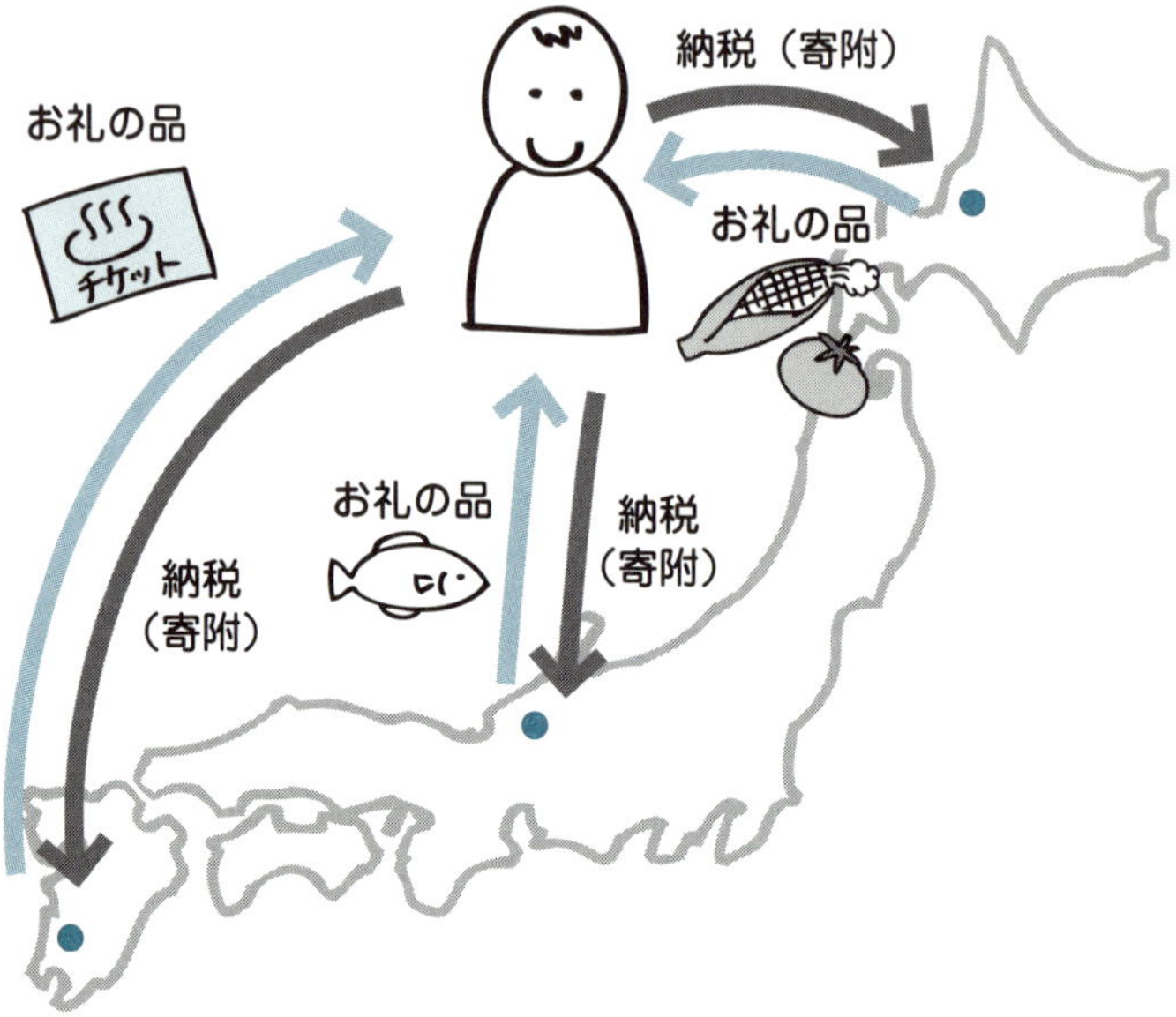

**寄附金から2000円を引いた額が
所得税の還付金、住民税の控除という形で戻ってくる。
つまり、実質的には、2000円で
寄附先からお礼の品（特産品）がもらえる！**

ふるさと納税には注意も必要

ふるさと納税を活用するためには注意点もある。

所得や家族構成によって、税金が安くなる寄附金の額には上限がある（そもそも所得税や住民税を払っていない人には縁がない話だ）。また、住宅ローン控除を受けている人は利用できない可能性がある。加えて、寄附をすれば自動的に税金が安くなるのではなく、所定の手続を踏まなくてはならない。場合によっては確定申告も必要になる。

今年の寄附で今年の税金が安くなるのではなく、減額されるのは来年度の税金である点も要注意だ。今年の寄附はしばらくは家計にはマイナスでしかない。

返礼品目当てばかりではやや寂しいけれど、ふるさと納税が日本の税金のあり方に一石を投じたのは確かだ。自治体が魅力を高めるために切磋琢磨するのは地方活性化にもつながるだろう。

最後にもうひとつ。おわかりのように、ふるさと納税は住民税を多く支払っている高額所得者ほどうまみが大きい。公平性の観点からは疑問もあるところだ。

LESSON 43

年金制度をどうすればいいのか？

若い世代は自分が支払ったお金よりも
少ない年金しかもらえないことになる。

公的年金制度は回らなくなる

老後にはお金の備えが必要だが、だれもが若いうちから計画的に蓄えられるわけではない。そこで政府が介入して、老後に定期的にお金が支払われるしくみをつくったのが公的年金制度だ。

公的年金には「積み立て方式」と「賦課方式」がある。積み立て方式は、若い頃に自分たちが積み立てたお金を老後に受け取るしくみだ。これなら、人口構造が変化しても支払いができなくなることはない。日本は年金制度が始まった当初は積み立て方式をとっていた。それがのちに制度が変わって「修正積み立て方式」と言われるようになり、今ではさらに変更されて基本的には賦課方式になっている。

賦課方式とは現役世代の払う保険料をそのときリタイアしている世代の年金に回す方式だ。この方式は、年金をよほど減額しないかぎり、日本のように少子高齢化が進んでいく社会では回らなくなる。年金を受給する人が増えて、そのお金を払う現役世代がどんどん減っていくからだ。

ところが日本政府は今の年金受給世代に対して、現役世代の払う保険料でまかなえるよりもはるかに高額の年金を約束してしまっている。将来の支払いに必要な積立金と実際に積み立てられている金額との差額（積み立て不足）はすでに数百兆円に及んでいるとも言われている。

税と年金の一体改革を

どうしてこんなことになってしまったかというと、ひとつには一九七〇年代以降に、自民党政権が人気取りのために高齢者への大盤振る舞いを始めたからだ。

本人が支払ってきた保険料の何倍もの年金を約束してきた。その結果、**上の世代は自分が現役時代に支払ったお金よりもかなり余分に年金をもらうことができるが、今の若者は自分が支払ったお金よりも相当に少ない年金しかもらえない計算になる。**これはあ

「積み立て方式」と「賦課方式」

積み立て方式

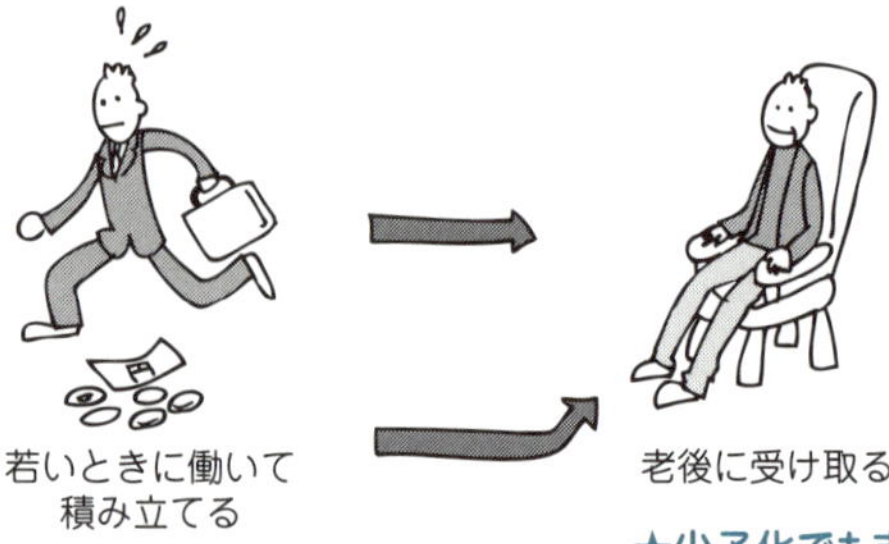

★少子化でも支払いが
できなくなることはない

賦課方式

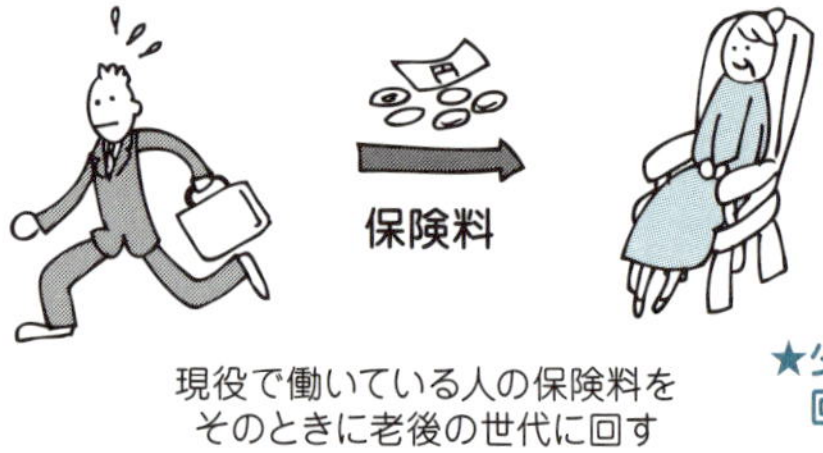

★少子化によって
回らなくなる。

税と年金一体改革

保険料ではなく税金から年金を支払う。
消費税なら誰もが支払うことになる。

まりにも不公平だ。
まともに年金の管理をしていなかった旧社会保険庁や、かつて積立金が潤沢だったときにそれが自分のお金であるかのように天下り先の特殊法人に垂れ流したり、全国に無駄な巨大施設を建設したりした厚生労働官僚の罪は重い。

ではどうしたらいいのだろうか？

根本的な改革ができるなら「税と年金の一体改革」が望ましい。

現在すでに、国民年金の保険料を払っていない人は約四〇パーセントにのぼる（五パーセントが免除されている人、三五パーセントが免除されず払ってもいない人）。保険料を払うべきなのに払っていない人には老後に年金が支払われないことになっているが、その人たちが生活に困ったとき、「それは自己責任だから勝手に飢え死にでもしてください」と近代国家が突き放せるわけがない。そうして結局は生活保護などで救済することになる。

生活保護は税金でまかなわれるから税金にしわ寄せがいく。それなら最初から年金と税金をまとめて一本にしたほうがすっきりする。保険料を徴収する組織も国税庁や税務署と一本化すれば効率的だ。

LESSON 44

GDPは何を測っているのか?

GDPが増えれば豊かだとは限らない。

GDPでわかること

経済学では基本的に、経済活動（お金のやりとり）が増えることが豊かになることだと考える。国の豊かさの指標として、一般的に使われるのはGDP（国内総生産）だ。**GDPとは国内で生み出された価値の合計だが、集計されるのは、お金の出入りのあったものだけだ。**

はたしてGDPは、本当に豊かさを示していると言えるのだろうか？

経済学の世界では、あるよく知られた寓話がある。

隣り合った二つの国、A国とB国の人口は同じくらいで、GDPも似たり寄ったりだった。またどちらの国にも蚊がいなくて、夏の夜に悩まされることはなかった。

ところがある年、A国政府は外国から蚊を輸入して国中にばらまいたのだ。するとA国の国民はたまらず蚊取り線香を買いに走った。おかげでA国には蚊取り線香産業が繁栄し、GDPはB国をはるかにしのぐようになった。

さて、現在のA国の国民とB国の国民はどちらが豊かな生活をしているだろうか?

こんな話もある。

南国の島の海辺で、現地の人が昼間からのんびり昼寝をしていた。

よその国から来た金持ち観光客がそれを見て「休んでないでもっと働くべきだ」と言った。現地の人は「どうして働かなくてはいけないんだい?」と尋ねた。

「働けばお金が手に入るぞ」と、明るく答える金持ち観光客だったが、現地の人はすかさず「お金が入るとどうなる?」と尋ね返した。

「そしたら私みたいに休暇を取って南国にバカンスに来られるのさ」

すると現地の人は「なんだ、それなら今の生活と同じだ」と、笑ったという。

はたしてどちらが幸せか？

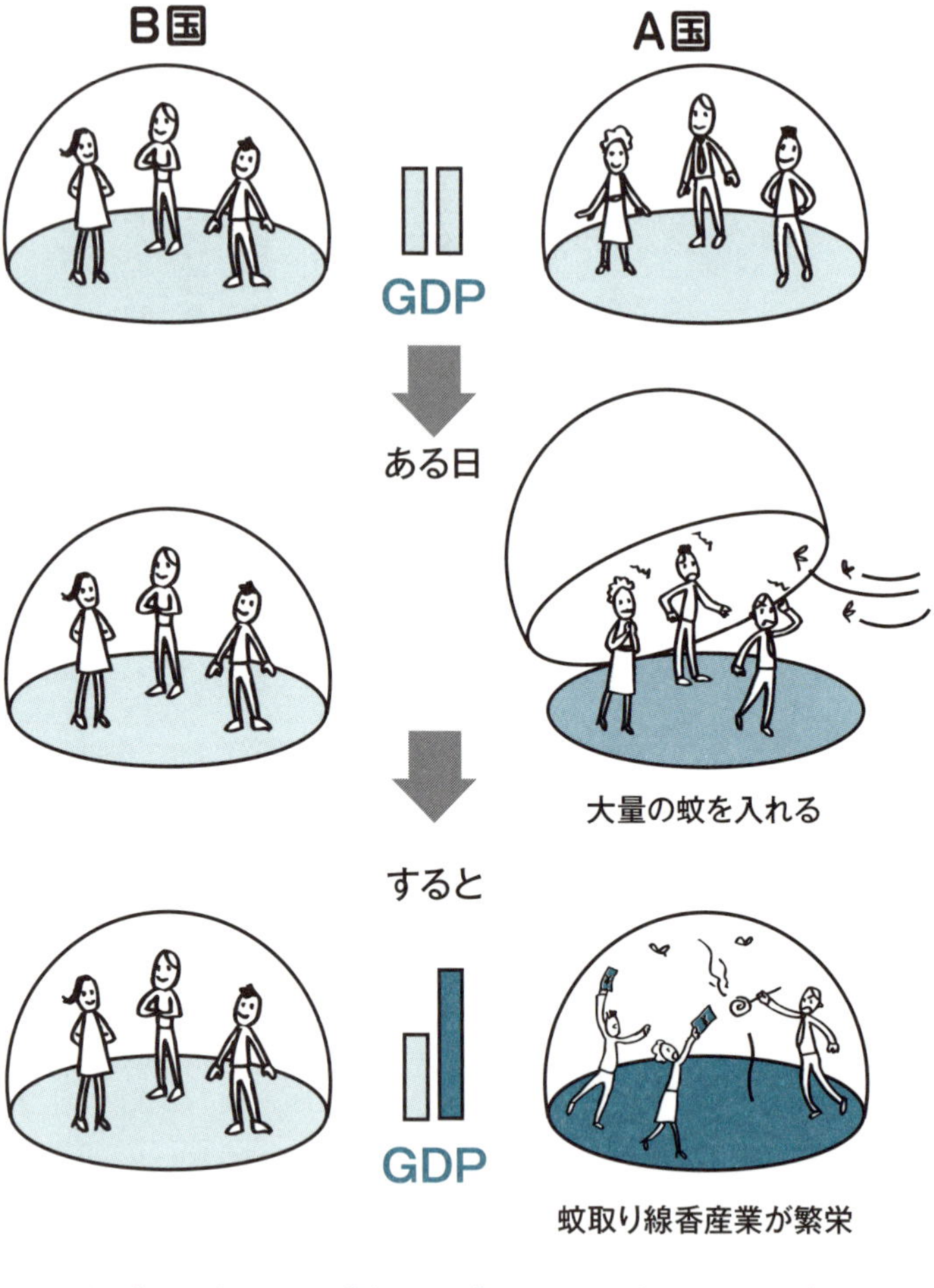

**お金の出入りがあればGDPは高くなるが、
GDPが高いからといって豊かで幸せとは限らない**

経済的な豊かさが生活の豊かさとは限らない

寓話ではなく現実の話としては、たとえば自転車が故障したときに自分で直せば付加価値はゼロなのでGDPにはカウントされないが、自転車屋に持ち込んでお金を払って直してもらえばGDPを押し上げる。古い服を大事に着てもGDPには関係ないが、古い服をどんどん捨てて新しいのを買えば経済は成長する。

悩み事があるときに相談に乗ってもらえる友だちがいるのと、友だちがいなくて有料のカウンセラーに通うのと、どちらの生活が豊かだろうか。

何でもお金で解決する国のほうがGDPが高くなるが、だからといってその国の生活が豊かだとは限らない。

LESSON 45

お金で幸せになれるか

お金と幸せは直結しないが、あまりに貧しいのは問題だ。

お金だけでは幸せになれない

よく「お金で幸せは買えない」という。

しかし一方で「金で幸せは買えないというのは、十分な金を持っていない者のたわごとだ」とうそぶく人もいる。本当はどちらが正しいのだろうか。

アメリカには、宝くじで大当たりした人の幸福感についての研究がある。

それによると、当たった直後は当たる前の何倍もの幸せを感じるが、それから徐々に下がっていって、一年も経つと元の幸福感の近くまで下がってしまうようだ。

若い人に「どうなったら幸せになれると思いますか」と尋ねると、たとえば「自動車が買えたら」といった答えが返ってくる。何年かしてその人が自動車を買ったときにまた尋ねると「家を買ったら幸せになれる」と言う。そして家を買った後は「別荘が欲しい」と言い出したりする。人の欲求はきりがないものだ。

アメリカや日本だけでなく、**いろいろな国で幸福感のアンケートをとると、その国の経済発展の度合いと幸福感には、はっきりした直線的な関係はないことがわかる。**

また、かなり貧しい国の人々はあまり幸福ではないが、ある程度まで豊かになると、それから先は豊かになっても幸福感は一概には高くならないという説もある。

日本は戦後の高度経済成長期に短期間で飛躍的に豊かになったが、その間の幸福感はあまり変化がなかった。これはミステリーとされている。

「経済的に豊かになれば幸せになれる」と多くの人が思っているが、そんな人にとっての幸せは逃げ水のようなもので、追いかけても追いつけない。幸せはもうちょっと別のところにあるのかもしれない。

チャップリンの映画『ライムライト』に有名な台詞がある。

「人生に必要なのは、勇気と、想像力と、少しのお金だよ」。

お金による幸せにはきりがない

どこまで行けば幸せになれるのか？

しかし、まじめに働いて報われることは必要だ

とはいえ、あまりに貧しくてはやはり幸せになるのは難しい。世界にはとても貧しい国がいくつもある。豊かな国からするとほんのわずかな値段の食料や薬品が買えないために、大勢の子供が健康を損ない、飢えて死んでいく。そんな国は、もっと豊かにならなくてはならない。先進国は積極的に援助をするべきだ。

そこで困るのは、国民が餓死するような国は、たいてい政府が非民主的で腐敗していることだ。国民がまじめに働こうとしても自由に経済活動ができない。役人や政治家にコネがあるか賄賂《わいろ》を払わなければ努力しても這い上がれないのだ。政府が国民をせっせと搾取しているような国は、豊かになることはとても困難だ。

ひるがえって日本はどうか。露骨に賄賂を要求するような役人や政治家はめったにいないだろう。しかし、予算や許認可権を使って天下りポストをつくることにいそしむのは、税金を使って私腹をこやすことなので、賄賂を取るのと同じくたちが悪い。

まじめに働く人が報われて、弱い人に優しい社会は、自然のなりゆきや政府に任せておけば実現できるものではない。みんなの取り組みが必要なのだ。

図解
90分でわかる経済のしくみ

発行日　2018年　3月　25日　第1刷

Author　長瀬勝彦

Book Designer　表紙　渡邊民人(TYPEFACE)
本文デザイン　玉造能之(ISSHIKI)

Publication　株式会社ディスカヴァー・トゥエンティワン
〒102-0093 東京都千代田区平河町2-16-1 平河町森タワー11F
TEL　03-3237-8321(代表)
FAX　03-3237-8323
http://www.d21.co.jp

Publisher　干場弓子
Editor　藤田浩芳 + 塔下太朗
Marketing Group
Staff　小田孝文　井筒浩　千葉潤子　飯田智樹　佐藤昌幸　谷口奈緒美　古矢薫　蛯原昇　安永智洋　鍋田匠伴　榊原僚　佐竹祐哉　廣内悠理　梅本翔太　田中姫菜　橋本莉奈　川島理　庄司知世　谷中卓
Productive Group
Staff　千葉正幸　原典宏　林秀樹　三谷祐一　大山聡子　大竹朝子　堀部直人　林拓馬　松石悠　木下智尋　渡辺基志
E-Business Group
Staff　松原史与志　中澤泰宏　西川なつか　伊東佑真　牧野類
Global & Public Relations Group
Staff　郭迪　田中亜紀　杉田彰子　倉田華　李瑋玲　連苑如
Operations & Accounting Group
Staff　山中麻吏　小関勝則　奥田千晶　小田木もも　池田望　福永友紀
Assistant Staff
俵敬子　町田加奈子　丸山香織　小林里美　井澤徳子　藤井多穂子　藤井かおり　葛目美枝子　伊藤香　常徳すみ　鈴木洋子　内山典子　石橋佐知子　伊藤由美　小川弘代　越野志絵良　小木曽礼丈　畑野衣見

DTP　ISSHIKI(デジカル)
Printing　株式会社厚徳社

ISBN 978-4-7993-2246-8